내 삶을 바꾸는
영어명언 100

Jeff 지음 (제프스터디 대표)

**Every passing minute brings a new opportunity
to make a positive change.**

삶의 모든 순간은 긍정적인 변화를 위한 새로운 기회를 안겨준다.

BromBooks
브롬북스

내 삶을 바꾸는
영어명언 100

개정판 1쇄 발행 2025년 1월 20일

지 은 이 | 현장원(Jeff 강사)
펴 낸 곳 | 브롬북스 (출판등록 : 제2019-000252호)
디 자 인 | 디자인 아르시에
주　　소 | 서울시 강남구 봉은사로 317, 3층
전　　화 | 070-7563-7775
이 메 일 | jeffstudylove@gmail.com
홈페이지 | www.jeffstudy.com

저작권자 | ⓒ 2025. 현장원

이 책의 저작권은 저자에게 있습니다. 서면에 의한 저자와 출판사의 허락 없이
내용의 일부 혹은 전부를 인용 및 복제하거나 발췌하는 것을 금합니다.

'제프스터디는 영어초보분들께 꿈과 희망을 드립니다!'

- 책값은 뒤표지에 있습니다.
- 잘못 만든 책은 구입하신 서점에서 교환해 드립니다.
- 책 관련한 문의 사항은 제프스터디(www.jeffstudy.com)로 문의 부탁드립니다.

ISBN : 979-11-988001-4-5(03740), 브롬북스 도서번호 P25201604E

내 삶을 바꾸는
영어명언 100

Jeff 지음 (제프스터디 대표)

**Every passing minute brings a new opportunity
to make a positive change.**

삶의 모든 순간은 긍정적인 변화를 위한 새로운 기회를 안겨준다.

BromBooks
브롬북스

Preface

Fortune favors the prepared mind.

행운은 준비된 사람에게만 온다.

누구나 행운을 꿈꾸지만, 아무에게나 행운이 찾아오지는 않습니다. 행운이라는 녀석은 꽤나 까다로워서, 오직 그 행운을 기다리며 열심히 준비한 사람에게만 환한 미소를 지으며 나타납니다. 혹시 앞으로 나의 인생에서 찾아올 행운을 맞이하는 데 영어 실력이 필요하지는 않을까요? 혹시 과거에 영어 실력이 부족해 좋은 기회를 놓친 적은 없나요?

명언은 오랜 기간 동안 전해져 오는 명문입니다. 영어 학습자의 입장에서는 영어 실력을 향상시키기 위해 반드시 곱씹어보고 음미할 필요가 있는 훌륭한 영어 문장들입니다.

엄선된 100개의 영어 명언을 통해 삶의 지혜를 얻고, 영어 문장이 구성되는 원리를 함께 익혀보세요. Jeff 강사의 영순법(영어단어순서법)과 함께라면 영어명언을 완전히 내 것으로 이해하는 것이 가능합니다.

영어의 핵심은 거창한 문법적 지식이 아니라 영어 단어가 놓여지는 순서 감각에 있습니다.

이 핵심적인 순서 감각을 Jeff 강사의 영순법(영어단어순서법)을 통해 내 것으로 만들어 봅시다. 이제껏 영어 명언을 읽고 '왜 우리말로 이렇게 번역되었을까?' 라는 의문을 가졌던 영어 학습자들에게 이 책과 Jeff 강사의 명쾌한 강의는 시원한 해답을 제공할 것입니다. 또한, 영어 명언을 번역가의 도움 없이 스스로 온전히 영어답게 느낄 수 있는 실력도 키울 수 있을 것입니다.

저는 삶의 모든 순간이 나의 남은 삶을 송두리째 바꿀 수 있는 소중한 기회라고 믿습니다. 또한 행복은 상황 그 자체가 아니라 나의 '태도와 관점'의 문제라는 사실을 확신합니다.

'내 삶을 바꾸는 제프스터디 영어명언 100'과의 만남이 여러분의 영어 실력 향상에 큰 도움이 되기를 바랍니다. 또한, 가슴을 울리는 멋진 영어 명언을 통해 남은 인생을 더욱 긍정적인 태도로 살아가며 행복한 삶을 사는 데 큰 도움이 되기를 소망합니다.

- 제프스터디, Jeff 강사 드림.

제프스터디
실제 강의 수강 후기

제프스터디 강의를 수강하신 회원님들의 생생한 이야기를 들어보세요:)

 김*숙님 (주부회원님)   "삶의 질이 글로벌화! 영어자신감도 UP!"

꼭 알아야 할 것만 조금씩 단계를 높이고 짧고 쉽게 반복 또 반복으로 아낌없이 영어 뿐만 아니라 건강 및 삶의 지혜까지 알려주시는 제프선생님, 덕분에 시간만 나면 영어를 즐기고 있습니다. 제 삶의 질이 글로벌화로 높아지는 것 같아 자신감도 생겼습니다.

 김*준님 (직장인 회원님)   "다른 기초영어강의와는 정말 달라요!"

그동안 여러 곳에서 배워왔던 기초영어강의와는 정말 차별화되는 좋은 강의였습니다.

 심*희님 (어르신 회원님)   "제프 선생님 덕분에 다시 영어공부 도전해봅니다!"

일생동안 넘어서지 못해서 포기했던 영어를 제프 선생님 덕분에 다시 손에 잡았으니 꼭 고비를 넘기렵니다.

이*정님 (학생 회원님)   "처음에 쉽게 이해되던 게 끝까지 유지가 됩니다"

제프선생님 강의는 정말 다르네요. 일단 가장 인상적인 건 '처음에 쉽게 이해되던 것이 끝까지 유지가 된다'라는 점입니다. 대부분 강의들이 (물론 제가 부족해서 그랬겠습니다만...) 처음엔 이해가 잘 되다가 뒤로 갈수록 점점 힘겨워 포기하곤 했는데 제프선생님 강의는 스텝 강의 끝까지 정말 재밌게 들었네요.

 권*민님 (직장인 회원님)   "매번 강의 들을 때마다 말할 수 있는 문장 길이가 달라지고 있습니다!"

매번 강의 들을 때마다 말 할수 있는 문장의 길이가 달라지고 있습니다. 외국 바이어와의 메일도 이제는 쬐끔(?) 자신이 붙었습니다. 문장을 길게 쓰는 비법을 배우고 있으니까요.

 이*경님 (직장인 회원님)   "사막에서 오아시스를 찾은 느낌!"

눈 딱 감고 제프 선생님 강의를 시작했습니다. 사막에서 오아시스를 찾은 느낌이랄까? ㅋㅋㅋ 이제야 제가 알고 있었지만 적용할 수 없었던 것들이 아~ 그래서 이렇게 되는거구나" 하고 하나씩 제자리를 찾아가는 중입니다.

 장*진님 (학생 회원님)   "쉬운 용어로 수업 진행 방식이 좋고 지루하지 않아요!"

어려운 문법 용어가 아닌 쉬운 용어로 풀어서 설명을 해 주시니 강의 시작하고 끝날 때까지 지루함을 느끼지 않았습니다. 제프 스터디는 저처럼 한국식 영어 교육때문에 영어 공포증에 걸리신 분들에게 아주 좋은 강의라고 말씀 드리고 싶네요.

영순법이란?

영어의 핵심은 '단어의 순서'다!

영어라는 언어를 습득할 때 가장 염두에 두어야 하는 것은 영어단어가 놓이는 '순서'입니다. 우리말과 다르게 영어는 문장에서 단어를 쓸 때 어순이 정해져 있으며, 우리는 그 영어단어가 놓이는 순서 감각을 내 것으로 만드는 데 집중해야 합니다. 그래야 비로소 영어가 됩니다.

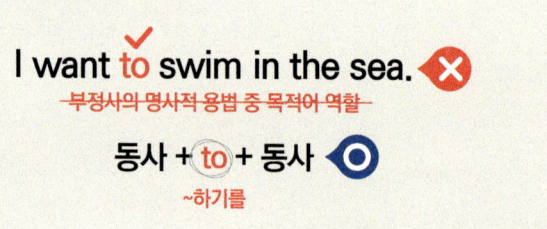

위 문장에서 'to swim' 부분을 이해할 때 '부정사의 명사적 용법 중 목적어 역할'이라는 거창한 문법적 개념으로 이해해서는 곤란합니다.

'동사(want) + to + 동사(swim)' 어순이 보일 때, to는 '~하기를' 이라고 해석된다.
라는 식으로 단어순서에 초점을 맞춰 영어문장을 보아야 합니다.

한 가지 더 보자면,

I saw the girl that I loved so much.

명사(the girl) + that + S + V(허전한문장)
~하는

위 문장에서 that 이란 단어를 이해할 때, '**관계대명사로써 뒤에 형용사절을 이끌어 앞의 선행사 the girl이라는 명사를 수식하는 구조를 만들어 낸다**'라는 식의 케케묵은 **영문법식 이해는 이제는 정말 그만둬야 합니다.** 그러한 접근방식은 결코 실전에서 빠르게 영어 문장을 만들어 내는 감각이 생기지 않을뿐더러 영어를 싫어지게 만드는 주범입니다.

여러분들은 오직 단어의 순서에 초점을 맞추어서 영어 문장을 바라봐야 합니다.

'명사(the girl) + that + 주어 + 동사' 어순이 보이면 that 은 '~하는' 이라는 해석을 해야 한다. (that 이하가 앞의 명사를 수식)

위 사실만 기억하고 있으면 영어문장은 자연스레 이해가 되며, 활용도 쉽습니다.
(*이때, 주어+동사 부분은 뭔가 하나 빠진 듯한 허전한 느낌이 들어야 함.)

기억하셔야 합니다.

영어의 핵심은 단어가 던져지는 순서입니다! 우리는 영어단어가 놓이는 순서 감각을 익히는데 최우선을 두고 영어 문장을 연습해야 합니다.

영어를 제대로 구사하는 법을 알기 위해서는 영문법이 아니라 제프 강사가 제시하는 영순법(영어단어순서법)을 익히십시오! 기존 영문법과 차별화된 Jeff 강사의 영순법이라면 반드시 영어에 자신감을 가질 수 있습니다.

이 책의 구성

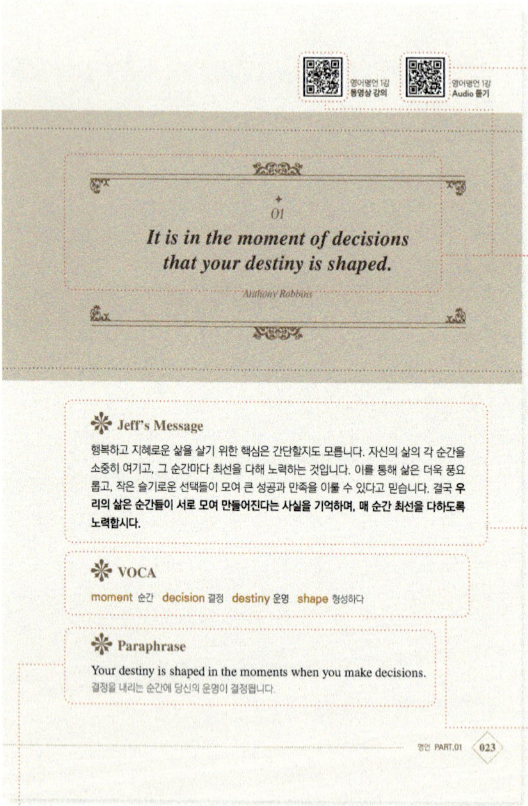

영어 발음 듣기!
AI 기술을 활용한 정확한 영어 발음을 통해 영어명언 문장을 완전히 내 것으로 만들어보세요!

영어명언 완벽히 읽기
Jeff 강사의 친절한 동영상 강의 설명과 함께 영어명언을 완전히 내 것으로 만들어보세요!
1~30강 : 책 속 QR 코드 제공.
31~100강 : 제프스터디 홈페이지 유료 제공

Jeff 강사 메시지
명언과 관련된 Jeff 강사가 전해드리는 메시지를 들어보세요.

주요 어휘
영어 명언을 완전히 내 것으로 만들기 위한 어휘 정리!

패러프레이즈(바꿔쓰기)
영작문에서 중요한 영어 문장 바꿔쓰기 감각 익히기!

Key point

영어명언을 확실히 내 것으로 만들기 위한 정확한 번역과 Jeff 강사의 키포인트 강좌!

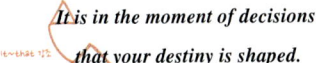

It is in the moment of decisions
that your destiny is shaped.

당신의 운명이 결정되는 것은 결심하는 그 순간입니다.

❋ Key point

1. It that 강조구문 : It 과 that 사이에 강조하고 싶은 말을 넣으면 된다.

   본래 문장 I meet Jeff on Sundays.
   강조된 문장 It is on Sundays that I meet Jeff. 내가 JEFF를 만난 건 바로 일요일마다 였다.
   강조된 문장 It is Jeff that I meet on Sundays. 내가 일요일마다 만난 건 바로 JEFF였다.

2. 위 명언의 It ~ that 강조구문이 되기 전 문장은 아래와 같다.
   • Your destiny is shaped in the moment of decisions.

❋ 영어명언 필사

It is in the moment of decisions
that your destiny is shaped.

❋ Dialogue

A: I changed my major to business.
B: It seems that it took a few minutes to decide that. Remember that **it is in the moment of decisions that your destiny is shaped.**

A: 경영학으로 전공 바꿨어.
B: 결정하는 데 몇 분 안 걸린거 같은데. 너의 운명이 결정되는 것은 결심하는 그 순간이라는 것을 기억해.

business 경영학

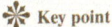 내 삶을 바꾸는 제프스터디 영어명언 100

필사 파트!
영어명언을 내 손으로 직접 써보세요!

영어명언 생활회화
생활영어 회화문을 통한 영어명언 감 익히기!

내 삶을 바꾸는
영어명언 100
개정판은 이렇게 바뀌었습니다.

NEW 01. 학습에 최적화된 내지 디자인 업그레이드!

다소 작은 크기의 책자로 제작되어 학습하는 데 불편함이 있으셨다는 독자님들의 의견을 적극 반영하였습니다. 책자 크기를 키우고 내지 디자인 또한 좀 더 학습에 최적화된 디자인으로 변경하였습니다.

NEW 02. 영어명언 이해를 돕는 동영상 무료 미니 강의 제공!

별도 번거로운 로그인 과정없이 1~30강까지의 미니 강의를 책속에 포함된 큐알코드를 통해서 수강 가능합니다. 책만으로 이해가 덜 되는 부분은 Jeff 강사의 강의를 통해 완전히 내 것으로 만드세요!

(1~30강 무료 제공, 31~100강은 제프스터디 홈페이지에서 유료 제공.)

NEW 03. 영어 명언 음성 듣기 파일 제공

AI 기술을 활용한 음성 녹음 파일을 책 속 큐알코드를 통해 편리하게 들으실 수 있습니다. 정확한 발음 듣기를 통해 리스닝 실력도 함께 향상시키고 영어명언을 완전히 내 것으로 만들어보세요.

NEW 04. 영어명언 필사 파트 추가

각 강의 핵심 영어명언을 필사할 수 있는 파트를 추가하였습니다. 영어명언을 따라 써 봄으로써 더욱 확실히 영어명언을 내 것으로 만들어 보세요.

NEW 05. Paraphrase(비슷한 의미의 문장으로 바꿔쓰기) 파트 추가

영미인들은 글에서 같은 문장의 반복을 무척이나 싫어합니다. 영어 고급자의 길로 가는 데 반드시 필요한 스킬 중 하나인 Paraphrase를 통해 비슷한 의미의 문장으로 바꿔쓰는 영작 실력도 향상 시켜보세요!

NEW 06. 자신감을 북돋우는 멋진 '영어명언 BEST 27' 추가

모든 일의 출발은 스스로에 대한 믿음, '할 수 있다'라는 자신감! 자신감을 불어넣어 주는 멋진 영어명언 BEST 27을 추가로 소개합니다!

Contents

PART. 01

Life is either a daring adventure or nothing!

인생이란 모험 가득한 신나는 여정! 한 번뿐인 나의 인생, 좀 더 용기 있게! 좀 더 힘차게 살아가자!

01	It is in the moment of decisions that your destiny is shaped.	23
02	Life is a journey, not a guided tour.	25
03	Always do what you are afraid to do.	27
04	Life is either a daring adventure or nothing!	29
05	You create your opportunities by asking for them.	31
06	Anyone who has never made a mistake has never tried anything new.	33
07	Once you make a decision, the universe conspires to make it happen.	35
08	Men are not prisoner of fate, but only prisoners of their own minds.	37
09	When you have faults, do not fear to abandon them.	39
10	Never confuse a single defeat with a final defeat.	41
11	Conformity is the jailer of freedom and the enemy of growth.	43
12	I believe that one of life's greatest risks is never daring to risk.	45
13	They say that time changes things, but you actually have to change them yourself.	47
14	The greater danger for most of us lies not in setting our aim too high and falling short; but in setting our aim too low and achieving our mark.	49
15	If you can dream it, you can do it. Always remember this whole thing was started by a mouse.	51
16	The door of opportunity is opened by pushing.	53
17	Well done is better than well said.	55
18	One of these days is none of these days.	57
19	The more we do, the more we can do.	59
20	You miss 100% of the shots you never take.	61
21	You will never find time for anything. If you want time, you must make it.	63
22	A man of words and not of deeds is like a garden full of weeds.	65
23	Perhaps the worst sin in life is knowing right and not doing it.	67
24	Take time to deliberate, but when the time for action has arrived, stop thinking and go in.	69
25	I don't regret the things I've done. I regret the things I didn't do when I had the chance.	71

PART. 02

The best way to change the world is to change yourself.

나를 바꾸면 세상이 바뀐다. 끈기와 인내를 가지고 나를 바꿔보자!

26	The only difference between success and failure is the ability to take action.	75
27	The one thing that separates the winners from the losers is, winner take action.	77
28	The best way to change the world is to change yourself.	79
29	To move the world, we must first move ourselves.	81
30	Action may not bring happiness, but there is no happiness without action.	83
31	To change one's life, we must start immediately and do it flamboyantly. No exception.	85
32	The ocean is made of drops.	87
33	A genius is just a talented person who does his homework.	89
34	People do not lack strength, they lack will.	91
35	Pain is temporary. Quitting lasts forever.	93
36	Genius is nothing but a great capacity for patience.	95
37	It's hard to beat a person who never gives up.	97
38	The merit of an action lies in finishing it to the end.	99
39	Our greatest glory is not in never falling but in rising every time we fall.	101
40	Our greatest weakness lies in giving up. The most certain way to succeed is always to try just one more time.	103
41	A goal without a plan is just a wish.	105
42	Fortune favors the prepared mind.	107
43	The road to success is always under construction.	109
44	The future depends on what we do in the present.	111
45	There is no great genius without some touch of madness.	113
46	Today is the first day of the rest of your life.	115
47	What we dwell on is who we become.	117
48	The past is the worst predictor of the future.	119
49	Failure is a detour, not a dead-end street.	121
50	The harder you fall, the higher you bounce.	123

PART. 03

In order to succeed, we must first believe that we can.

어떤 일이나 가장 중요한 출발은 스스로에 대한 믿음! '하면된다!' 라는 말을 늘 외치자! 반드시 된다!

51	Success is never permanent, and failure is never final.	127
52	An optimist laughs to forget. A pessimist forgets to laugh.	129
53	Never complain. Never explain.	131
54	Everything in your world is created by what you think.	133
55	Everything you can imagine is real.	135
56	The problem is not the problem; the problem is your attitude about the problem.	137
57	Opportunity is missed by most people because it is dressed in overalls and looks like work.	139
58	I am not discouraged, because every wrong attempt discarded is another step forward.	141
59	Success is not built on success. It's built on failure. It's built on frustration. Sometimes it's built on catastrophe.	143
60	The successful man will profit from his mistakes and try again in a different way.	145
61	Sometimes by losing a battle you find a new way to win the war.	147
62	People rarely succeed unless they have fun in what they are doing.	149
63	If you look at what you have in life, you'll always have more.	151
64	If I have lost confidence in myself, I have the universe against me.	153
65	In order to succeed, we must first believe that we can.	155
66	Self-trust is the first secret of success.	157
67	Whether you think you can or can't, you're right.	159
68	No one can make you feel inferior without your consent.	161
69	Self-confidence is the first requisite to great undertakings.	163
70	Concentration comes out of a combination of confidence and hunger.	165
71	I don't know the key to success, but the key to failure is trying to please everybody.	167
72	To be a great champion you must believe you are the best. If you're not, pretend you are.	169
73	The greatest pleasure in life is doing what people say you cannot do.	171
74	He who believes is strong; he who doubts is weak. Strong convictions precede great actions.	173
75	They are rich who have true friends.	175

PART. 04
You can't help getting older, but you don't have to get old.

나를 결정하는 것은 결국 나 자신이다! 나에 대한 긍정의 마음을 늘 가지자! 할 수 있다!

76	You can make more friends with your ears than your mouth.	179
77	Laughter is the shortest distance between two people.	181
78	The strongest man on the earth is the one who stands most alone.	183
79	Life is too short to be wasted on the wrong person.	185
80	The best way to find yourself is to lose yourself in the service of others.	187
81	Love does not consist in gazing at each other, but in looking together in the same direction.	189
82	Whenever you find that you are on the side of the majority, it is time to reform.	191
83	A man cannot be too careful in the choice of his enemies.	193
84	Misfortune shows those who are not really friends.	195
85	If you would be loved, love and be lovable.	197
86	A wise man makes more opportunities than he finds.	199
87	The time to relax is when you don't have time for it.	201
88	The unexamined life is not worth living.	203
89	True knowledge exists in knowing that you know nothing.	205
90	The more we study, the more we discover our ignorance.	207
91	The important thing is never to stop questioning.	209
92	We can't control the tragic things that happen to us, but we can control the way we face up to them.	211
93	Good judgment comes from experience, and experience comes from bad judgment.	213
94	It is much more difficult to judge oneself than to judge others.	215
95	In the hopes of reaching the moon men fail to see the flowers that blossom at their feet.	217
96	You got to be careful if you don't know where you're going, because you might not get there.	219
97	Drink moderately, for drunkenness neither keeps a secret, nor observes a promise.	221
98	You can't do much about the length of your life, but you can do a lot about its depth and width.	223
99	You can't help getting older, but you don't have to get old.	225
100	If you obey all the rules, you miss all the fun.	227

PART. 05 | 특별부록

무슨 일이나 가장 중요한 출발은 스스로에 대한 믿음!

자신감을 북돋우는 멋진 영어명언 BEST 27 ········ 229

눈이 펑펑 오는 날,
혹시 눈사람을 만들어 본 적이
있으신가요?

처음에 일정 크기의 동그란 눈뭉치를 만드는 것이 어렵지, 일단 눈뭉치를 만들어냈다면
데굴데굴 굴려 금방 커다란 눈덩이를 만들 수 있습니다.

영어 공부도 마찬가지입니다.

처음 탄탄한 기초를 쌓기가 어렵지, 그 다음부터는 눈덩이를 크게 만들듯이
영어 실력을 일사천리로 늘려 나갈 수 있습니다.

Jeff 강사의 영순법 강의는 눈사람을 만들 듯 조금씩 조금씩 문장을 늘여 나가
유창한 영어 실력을 갖추게 만드는 강의입니다.

**한국어를 잘하시는 여러분!
분명 영어도 잘하실 수 있습니다!**

영어는 나의 삶을 좀 더 신나고 행복하게 바꿀 수 있는 분명한 기회입니다.
그 기회를 Jeff 강사가 제시하는 영순법(영어단어순서법)으로 나의 것으로 만드십시오.

당신은 분명 해낼 수 있습니다!

                                                    - 제프스터디, Jeff 강사 드림.

What would life be if we had no courage to attempt anything?

− Vincent Van Gogh −

어떤 것을 시도할 용기조차 없다면
인생이 무슨 의미가 있겠는가?

− 빈센트 반 고흐 −

내 삶을 바꾸는 제프스터디 영어명언 100

이 책이 힘들고 지친 당신에게
작은 힘과 용기가 되었으면 하는 바램입니다.

- 제프스터디, Jeff 강사 드림

Part.
01

*Life is either a daring adventure
or nothing!*

인생이란 모험 가득한 신나는 여정! 한 번뿐인 나의 인생.
좀 더 용기 있게! 좀 더 힘차게 살아가자!

01

It is in the moment of decisions that your destiny is shaped.

Anthony Robbins

❋ Jeff's Message

행복하고 지혜로운 삶을 살기 위한 핵심은 간단할지도 모릅니다. 자신의 삶의 각 순간을 소중히 여기고, 그 순간마다 최선을 다해 노력하는 것입니다. 이를 통해 삶은 더욱 풍요롭고, 작은 슬기로운 선택들이 모여 큰 성공과 만족을 이룰 수 있다고 믿습니다. 결국 **우리의 삶은 순간들이 서로 모여 만들어진다는 사실을 기억하며, 매 순간 최선을 다하도록 노력합시다.**

❋ VOCA

moment 순간   **decision** 결정   **destiny** 운명   **shape** 형성하다

❋ Paraphrase

Your destiny is shaped in the moments when you make decisions.
결정을 내리는 순간에 당신의 운명이 결정된다.

❋ 이 책에 실린 영어명언의 번역은 뒤 페이지에 있습니다.

It is in the moment of decisions that your destiny is shaped.

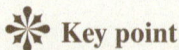

당신의 운명이 결정되는 것은 결심하는 그 순간입니다.

❋ Key point

1. **It that** 강조구문 : **It** 과 **that** 사이에 강조하고 싶은 말을 넣으면 된다.

   본래 문장 I meet Jeff on Sundays.
   강조된 문장 It is on Sundays that I meet Jeff. 내가 JEFF를 만난 건 바로 일요일마다 였다.

   강조된 문장 It is Jeff that I meet on Sundays. 내가 일요일마다 만난 건 바로 JEFF였다

2. 위 명언의 **It ~ that** 강조구문이 되기 전 문장은 아래와 같다.
   - Your destiny is shaped in the moment of decisions.

❋ 영어명언 필사

It is in the moment of decisions

that your destiny is shaped.

❋ Dialogue

A: I changed my major to business. I think management is a good choice for my future.

B: It seems that it took a few minutes to decide that. Remember that **it is in the moment of decisions that your destiny is shaped.**

A: 경영학으로 전공 바꿨어. 경영학이 내 미래를 위해 좋은 선택인 거 같아.

B: 결정하는 데 몇 분 안 걸린거 같은데. **너의 운명이 결정되는 것은 결심하는 그 순간이라는 것을 기억해.**

business 경영학

02

Life is a journey, not a guided tour.

Anonymous

❋ Jeff's Message

자유로운 여행은 일반적인 가이드 투어보다 더욱 특별하고 흥미로운 경험이 될 수 있습니다. 가이드 없이 여행하면 예측할 수 없는 순간들이 생기며, 이는 평생 잊지 못할 추억으로 남을 수 있습니다. 새로운 장소에서 모든 것을 스스로 계획하고 동선을 짜는 과정에서 발견한 숨겨진 장소들과 그 속에서의 잊지 못할 경험들은 여행을 더욱 특별하게 만들어 줍니다. **우리의 삶도 마찬가지가 아닐까요? 때로는 가이드가 없는 자유로운 Journey를 하며 자유를 즐겨보는 것이 행복이 아닐까 합니다.**

❋ VOCA

tour 여행　　**guided** 안내 받는

❋ Paraphrase

Life is a voyage we navigate ourselves, not a tour with a guide.
인생은 우리가 스스로 길을 찾는 항해이며, 가이드와 함께하는 여행이 아니다.

Life is a journey, not a guided tour.

인생은 가이드가 안내하는 투어가 아니라 여행길이다.

❋ Key point

1. **B, not A : A가 아니라 B다**

   콤마 다음에 not이 바로 따라온 것이 보인다면 'B, not A' 구조로 'A가 아니라 B다'라는 뜻이 만들어진다.

2. **'B, not A' 구조는 'not A but B'** 바꿔 쓸 수 있다.
   - He is a boy, not a girl. (그는 소녀가 아니라 소년이다.)
     = He is not a girl but a boy.

❋ 영어명언 필사

❋ Dialogue

A: Life is so complicated and difficult. I have so many things to decide on my own.

B: **Life is a journey, not a guided tour.** Don't expect it to be easy.

A: 삶은 너무나 복잡하고 힘든 거 같아. 나 스스로가 결정해야 할 일이 너무 많아.

B: 인생은 가이드가 안내하는 투어가 아니라 (발길 닿는 대로 탐험하는) 여행길이야. 삶이 마냥 쉬울 거라고 기대하지 마.

03

Always do what you are afraid to do.

Ralph Waldo Emerson

❋ Jeff's Message

자신이 두려워하던 일을 해냈을 때의 성취감을 느껴본 적이 있으신가요? 인생을 신나게 사는 방법은 어쩌면 단순합니다. **해내기 어려운 일이나 시도하기 두려운 일의 목록을 만들어보고, 그 일을 하나씩 성취해 나가 보세요.** 그러면 인생이 신나고 행복해질 것입니다.

❋ VOCA

be afraid to + V ~하기를 두려워하다   what 무엇, ~하는 것

❋ Paraphrase

Face the things that intimidate you; there's growth on the other side.
너를 위협하는 것들에 맞서라. 그 반대편에는 성장이 있다

Always do what you are afraid to do.

언제나 당신이 두려워하는 일을 해라.

❋ Key point

1. 동사원형으로 시작하는 문장 〉 '~해라, ~하시오' 의 뜻을 만드는 명령문이다.

2. What + 허전한 문장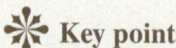
   - What 뒤가 뭔가 하나 빠진 허전한 문장 느낌이 들면 반드시 '**~하는 것**' 이라는 해석을 떠올리자. 위 문장에서는 마지막 단어 do의 목적어가 없어 문장이 허전하다.

❋ 영어명언 필사

❋ Dialogue

A: I want to talk to him but I am afraid of him. Do you have any good words for me?

B: **Always do what you are afraid to do**. Get over your fears. Good things will happen.

A: 그와 대화를 하고 싶은데 너무 무서워. 내게 해 줄 좋은 말이 있니?

B: **언제나 네가 두려워하는 일을 해.** 두려움을 이겨내 봐. 좋은 일이 생길 거야.

04
Life is either a daring adventure or nothing!

Helen Keller

✻ Jeff's Message

우리는 이미 알고 있습니다. 어려운 일을 성취했을 때 진정으로 내가 숨쉬고 살아 있음을 느낍니다. 도전적인 삶을 택하고 가끔은 모험적인 순간도 경험해 보는 것이 좋습니다. 조금은 위험하지만 신나는 그런 경험들이 모여 인생을 더욱 즐겁게 만들어 주는 것이 아닐까요? 그러한 경험들은 **우리가 살아있음을 온전히 느낄 수 있게 만들어 줍니다.** 가끔씩은 'Daring Adventure'을 떠나는 멋진 우리가 되어 봅시다.

✻ VOCA

daring 과감한   **adventure** 모험

✻ Paraphrase

Life is either an adventurous journey or nothing at all!
인생은 모험적인 여정이거나 혹은 아무것도 아니다.

Life is either a daring adventure or nothing!

인생은 과감한 모험이던가, 아니면 아무 것도 아니다.

❋ Key point

1. **either A or B** A 혹은 B중 둘 중 하나
   - 영어문장에서는 서로 매우 친한 두 단어가 존재한다. either이 보이면 그 뒤에 or이 보이게 마련이다. (either와 or에 꼭 세모를 쳐서 두 단어가 짝을 이뤄 만들어내는 뜻을 빨리 떠올려야 한다.)

❋ 영어명언 필사

❋ Dialogue

A: All I want is just a normal life, not a challenging one. Adventures are too scary.

B: **Life is either a daring adventure or nothing.** Cheer up! I think life is fun only when you overcome your fear and take chances.

A: 나는 도전적인 것 보다는 평범한 삶을 원해. 모험은 너무 두려워.

B: **인생은 과감한 모험이던가 아니면 아무것도 아니야.** 힘내! 두려움을 이겨내고 모험을 해야 인생이 즐겁다고 생각해.

challenging 도전적인   normal 평범한

영어명언 5강 동영상 강의
 영어명언 5강 Audio 듣기

05
You create your opportunities by asking for them.

Patty Hansen

❋ Jeff's Message

하늘은 스스로 돕는 자를 돕는다는 말이 있습니다. 기회가 없다는 것은 게으른 자의 변명입니다. 열심히... 열심히... 또 열심히 스스로 기회를 찾아보세요. 반드시 그 노력에 세상은 보답할 것입니다. **기회는 계속해서 요구하는 자의 몫입니다.**

❋ VOCA

create 만들어내다, 창조하다　　**opportunity** 기회, 운　　**ask for** 요청하다

❋ Paraphrase

You generate your opportunities by proactively pursuing them.
너는 적극적으로 기회를 추구함으로써 만들어 낼 수 있다.

You create your opportunities by asking for them.

너는 스스로 기회를 요구함으로써 기회를 만들어 낼 수 있다.

❋ Key point

특정한 전치사 뒤에 나오는 동명사(~ing)의 쓰임새를 잘 알아두자.

1. **by** + ~**ing**   ~함으로서
   You can be happy by learning English. 너는 영어를 공부함으로써 행복해질 수 있다.

2. **in** + ~**ing**   ~할 때 / ~하는데
   You should be cautious in lending your money. 돈을 꿔줄 때는 조심하는 게 좋아.

3. **on** + ~**ing**   ~하자마자
   I rushed to the snow on arriving at the ski resort. 나는 스키장에 도착하자마자 눈으로 돌진했다.

❋ 영어명언 필사

❋ Dialogue

A: I did not have a chance to make my dream come true.
B: **You create your opportunities by asking for them**. Don't give up and keep trying.
A: You are right. Thank you for your advice.

A: 내 꿈을 이룰 기회가 없었어.
B: **스스로 기회를 찾아야 기회를 만드는 것이야**. 포기하지 말고 계속해서 도전해봐.
A: 맞는 말이야. 충고 고마워.

give up 포기하다   keep ~ing 계속 ~하다

06

Anyone who has never made a mistake has never tried anything new.

Albert Einstein

❋ Jeff's Message

"실수는 성공의 어머니"라는 말이 있습니다. 실패를 많이 할수록 성공할 가능성이 높아진다고 합니다. 실패를 두려워해 아무것도 도전하지 않는 사람만큼 불행한 사람도 없습니다. '도전'이라는 단어가 빠진 인생은 참으로 인생을 지루하게 만들지 않을까요? 인생은 도전하며 살 때 행복이 배가 된다고 생각합니다.

❋ VOCA

make a mistake 실수하다   have p.p. ~해 본적이 있다

❋ Paraphrase

People who haven't made mistakes have never ventured into new experiences.

실수를 해본 적이 없는 사람들은 새로운 경험을 시도해본 적이 없다.

Anyone (*who has never made a mistake*) / *has never tried anything new.*

한 번도 실수한 적이 없는 사람은 한 번도 새로운 것에 도전해 본 적이 없는 사람이다.

❊ Key point

1. have never + p.p. 절대로 ~한 적이 없다.

have + p.p.가 never과 어울리면 보통 경험의 뜻 (절대로 ~한 적이 없다)을 나타낸다.
I have never met her. (나는 그녀를 절대 만난적이 없다.)

2. 명사 + (who + V1 …) / V2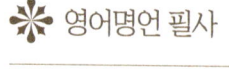

The man who is very kind is my brother. (매우 친절한 그 남자가 내 동생이다.)
관계대명사가 문장의 앞쪽에 나오고(주어인 명사를 관계대명사 이하가 수식하고) 그 뒤에 동사 두 개가 보일 때 해석에 유의해야 한다.
명사 다음에 who가 보이고 그 뒤에 동사가 두 번 나오면 **'두번째 동사 앞에서 끊고 who부터 끊어진 부분까지가 앞의 명사를 수식'**한다.

❊ 영어명언 필사

❊ Dialogue

A: I don't make a mistake. I think I am perfect!
B: Einstein said "Anyone who has never made a mistake has never tried anything new." No one can be perfect.

A: 난 실수를 하지 않지. 나는 완벽하다고 생각해!
B: 아인슈타인이 "한 번도 실수한 적이 없는 사람은 한 번도 새로운 것에 도전해 본 적이 없는 사람이다." 라고 한적이 있어. 그 누구도 완벽할 순 없어.

07
Once you make a decision, the universe conspires to make it happen.

Ralph Waldo Emerson

Jeff's Message

간절히 원하고 최선을 다하기 시작하면 신기한 일이 일어납니다. 자신의 잠재된 능력에 스스로 놀라고, 예상치 못한 곳에서 도와주는 이들이 하나둘씩 나타납니다. 그들은 마치 운명처럼 우리 앞에 나타나, 우리가 나아가는 길을 밝히고 힘을 실어줍니다. 이런 경험을 통해 우리는 인생이란 참으로 놀랍고 신비로운 여정임을 깨닫게 됩니다.

VOCA

once 일단 ~하면   **make a decision** 결정하다   **universe** 우주
conspire 협력하다

Paraphrase

When you decide on something, the universe works together to bring it to fruition.

어떤 결정을 내리면, 우주는 그 결정을 실현시키기 위해 함께 작동한다.

Once you make a decision, the universe conspires to make it happen.

당신이 무엇인가를 결정했다면, 우주는 그 일이 일어나도록 도와준다.

❋ Key point

1. **접속사** … , S + V

   문두에 접속사가 올 때 뒤에 따라오는 콤마에서 반드시 끊어 읽어야 한다.
   위 문장에서 once는 '일단 ~하면'이란 뜻의 접속사이다.

2. **5형식 이해** (사역동사의 이해)

   [3형식] Make it. (그것을 만들어라.)

   [5형식] Make it happen. (그것이 발생하도록 만들어라.)

   Make 동사 다음에 목적어를 쓰고 그 뒤에 동사원형을 쓰면
   목적어와 동사원형 사이에 주술관계(주어 서술어 관계)가 만들어진다.

❋ 영어명언 필사

❋ Dialogue

A: Once you make a decision, the universe conspires to make it happen. So don't be afraid of doing something. You can do well!

B: Thank you, I'll try to trust myself a little more.

A: 당신이 무엇인가를 결정했다면, 우주는 그 일이 일어나도록 도와줘. 그러니까 무언가를 하기를 두려워 하지마. 넌 잘 할 수 있어!

B: 고마워. 내 자신을 좀 더 믿도록 할게.

be afraid of~ ~를 두려워하다 **trust** 신뢰하다

08

*Men are not prisoner of fate,
but only prisoners of their own minds.*

Franklin Delano Roosevelt

❋ Jeff's Message

운명이란 존재하지 않습니다. 사람의 인생은 자신이 원하는 대로, 자신이 의도한 대로 흘러가는 법입니다. 운명이란 말로 자신의 인생을 미리 정해놓는 실수를 범하지 말아야 합니다. 생각보다 많은 사람들이 자신의 한계를 스스로 정해놓는 경우가 많습니다. 이는 참으로 애석한 일입니다. 우리는 절대 그렇게 하지 말아야 합니다. **운명에 맡기기보다는, 내 삶은 내가 스스로 만들어 나가는 것이라고 굳게 믿어야 합니다.**

❋ VOCA

prisoner 죄수, 포로   **fate** 운명

❋ Paraphrase

People are not bound by fate, but rather by the limitations of their own minds.

사람은 운명에 얽매이는 것이 아니라, 자신의 마음이 가진 한계에 얽매이는 것이다.

Men are not prisoner of fate,
but only prisoners (of their own minds.)

인간은 운명의 포로가 아니라, 다만 자기 마음의 포로일 뿐이다.

❋ Key point

1. **not** A **but** B   A가 아니라 B다.

영어문장을 읽다 보면 반드시 '쌍'으로 느껴져야 하는 긴밀한 관계의 단어들이 있다. 문장 앞쪽서 not이 보이고 그 뒤에 but이 보이면 **not A but B 구조로 'A가 아니라 B다'** 라는 뜻이다.

❋ 영어명언 필사

❋ Dialogue

A: I am going to accept my fate. I can't do it anymore.
B: Men are not prisoner of fate, but only prisoners of their own minds. Always remember this. Be more confident.

A: 나는 그냥 내 운명을 받아드리려고 해. 더 이상은 못 하겠어.
B: 인간은 운명의 포로가 아니라 자기 마음의 포로야. 항상 이걸 기억해. 좀 더 자신감을 가져 봐.

accept 받아들이다

영어명언 9강
동영상 강의

영어명언 9강
Audio 듣기

09

When you have faults, do not fear to abandon them.

Confucius

❋ Jeff's Message

자신의 단점을 인정하고 이를 개선하려는 과감함이 자기 발전의 원동력이 됩니다. 만약 스스로에게 불만이 생긴다면, 그 문제를 해결하기 위해 열심히 노력해 보세요. 단점을 숨기려고 하면 오히려 더 부각되기 마련입니다. **자신의 단점을 인정하고 개선하려는 의지가 진정한 자기 발전의 원동력이 됩니다.**

❋ VOCA

fault 단점, 허물   **fear** 두려워하다   **abandon** 버리다

❋ Paraphrase

When you recognize your flaws, don't be afraid to leave them behind.

단점을 발견했을 때, 그것들을 버리는 것을 두려워하지 마라.

When you have faults, do not fear to abandon them.

허물이 있다면, 버리기를 두려워 말라.

❋ Key point

1. 접속사 ··· **,** ~

문두에 접속사가 있을 때 반드시 뒤에 콤마가 나온다. 그 콤마에서 문장을 반드시 끊어서 읽어야 한다. 그래야 문장의 구조를 쉽게 파악할 수 있다.

2. V + to + V

동사 다음에 'to+동사원형' 구조가 보인다면 to는 '~하기를/하는 것을'이라는 해석법을 떠올린다.

❋ 영어명언 필사

___

❋ Dialogue

A: I've found my shortcomings, but I don't know what to do with them.
B: When you have faults, do not fear to abandon them. If you see your shortcomings, you should strive to overcome them with confidence.

A: 내 단점을 알아냈는데 어떻게 해야 할지 모르겠어.
B: 허물이 있다면, 버리기를 두려워하지 마. 자신의 단점을 본다면, 자신감을 가지고 극복하려고 노력해야 해.

shortcomings 단점들   strive to ~하려고 노력하다   overcome 극복하다

010
Never confuse a single defeat with a final defeat.

F. Scott Fitzgerald

❋ Jeff's Message

성공 뒤에 가려져 잘 보이지 않을 뿐, 성공한 사람들에게도 실패는 흔한 일입니다. **성공한 사람들의 공통점은 모두 실패 또한 많이 겪었다는 사실입니다.** 한 번의 실패에 쉽게 쓰러지지 말고, 우리의 인생에 주어진 많은 기회를 활용해 보세요. 성공과 실패의 사이에는 포기만이 있을 뿐 아무것도 없습니다.

❋ VOCA

confuse A with B A를 B로 혼동하다   **defeat** 패배   **final** 마지막의, 최후의

❋ Paraphrase

Don't mistake one loss for a permanent failure.
하나의 패배를 영구적인 실패로 착각하지 마라.

Never confuse a single defeat with a final defeat.

한 차례의 패배를 최후의 패배로 혼동하지 말라.

✲ Key point

1. Never + 동사원형 -> 절대 ~하지 마라

문장이 동사 원형으로 시작하면 명령문인 '~해라/하시오'의 의미이며, 명령문 앞에 never을 붙이면 '절대 ~하지 말라'라는 뜻의 강한 부정의 명령문이다.

2. confuse A with B -> A를 B와 혼동하다

confuse란 단어가 보이면 with 전치사가 뒤따라 나옴에 유의하자.

✲ 영어명언 필사

✲ Dialogue

A: I thought our world was completely over after losing the game.
B: Never confuse a single defeat with a final defeat. Don't be too hasty. Cheer up!

A: 나는 게임에서 지고 나서 우리 세상이 완전히 끝났다고 생각했어.
B: **한 차례의 패배를 최후의 패배로 혼동하지 마.** 너무 성급하게 생각하지마. 힘내!

be over 끝나다   hasty 성급한, 경솔한

011

Conformity is the jailer of freedom and the enemy of growth.

John F. Kennedy

✽ Jeff's Message

책임질 일이 많지 않다면 고민이 덜하고 마음이 편할 수 있지만, 그만큼 인생이 재미없어질 수 있습니다. 신나는 인생을 위해서는 스스로에게 의도적으로 큰 책임을 지는 것도 나쁘지 않습니다. 무조건적인 복종은 인생을 지루하게 만들 뿐입니다. **자신에게 주어진 결정권을 타인에게 무조건적으로 양보하지 말고, 스스로의 선택권을 지키는 것이 중요하다고 생각합니다.**

✽ VOCA

conformity 남들이 하는 대로 따라 하는 것, 획일주의   **jailer** 감옥을 지키는 사람, 간수

✽ Paraphrase

Conformity restricts freedom and hinders personal growth.
순응은 자유를 억제하고 개인의 성장을 방해한다.

Conformity is the jailer of freedom and the enemy of growth.

복종은 자유의 간수이자, 성장의 적이다.

❋ Key point

1. **A** (명사 + 전치사 + 명사) **and** **B** (명사 + 전치사 + 명사)

영어는 두 개가 연결될 때 사이에 and를 넣어 연결해주는 것이 가장 기본적 원칙이다. 위 문장에서는 '명사+전치사+명사' 덩어리가 and를 통해 이어지고 있음을 볼 수 있어야 한다.

❋ 영어명언 필사

❋ Dialogue

A: Why are you always conform to the others recklessly? That's a really bad thing.

B: I know. I can't stop doing that even though I know that **conformity is the jailer of freedom and the enemy of growth.**

A: 왜 항상 남들 하는 대로 따라만 하는 거니? 그건 정말 나쁜 거야.
B: 그러게. 획일주의는 자유의 간수이자, 성장의 적이란 것을 알면서도 그러는 걸 멈출 수가 없네.

conform to ~가 하는 대로 따라하다   recklessly 마구, 함부로 무조건

012

I believe that one of life's greatest risks is never daring to risk.

Ophra Winfrey

Jeff's Message

모험이 없는 삶은 단조롭고 지루합니다. 이 단조로움과 지루함은 인생을 너무나 아깝게 만들어 버립니다. 모험을 통해 새로운 경험과 도전에 맞서면서 우리는 성장하며, 더욱 풍요로운 삶을 만들어 나갈 수 있습니다. **인생에 있어 가장 위험한 일은 삶에 있어 위험을 전혀 감수하지 않으려는 소극적인 자세일 지도 모릅니다.**

VOCA

risk 위험, 위험을 감수하다   **dare to + V** 감히 ~하다

Paraphrase

I think one of life's biggest risks is not taking any risks at all.
인생에서 가장 큰 위험 중 하나는 아무런 위험도 감수하지 않는 것이다.

I believe that one of life's greatest risks is never daring to risk.

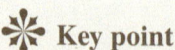

조금도 위험을 감수하지 않는 것이 인생에서 가장 위험한 일일 것이라 믿는다.

✹ Key point

1. V + that ~

   동사 다음에 that이 보인다면 that은 '~을/를'에 해당하는 해석을 한다.

2. 'be + ~ing' 두 가지 해석법이 있다.

   - ~하는 중이다.
   - ~하는 것이다.

   두 가지 해석 중 문맥에 맞는 적절한 해석을 떠올려야 한다.

✹ 영어명언 필사

✹ Dialogue

A: I can't do this! This is too dangerous.
B: Take a risk! I believe that one of life's greatest risks is never daring to risk.

A: 난 이걸 못하겠어! 너무 위험해.
B: 위험을 감수해야지! 난 조금도 위험을 감수하지 않는 것이 인생에서 가장 위험한 일일 것이라고 생각해.

take a risk 위험을 감수하다

013

They say that time changes things, but you actually have to change them yourself.

Andy Warhol

 Jeff's Message

어떠한 상황도 저절로 해결되지는 않습니다. 내가 스스로 상황을 변화시키려 애쓸 때, 상황은 점점 내 편이 되어 갑니다. 자신에게 벌어지는 모든 일의 1차적 원인은 바로 자기 자신입니다. **문제의 해결은 나 자신이 변하는 것에서 시작됩니다.**

 **VOCA**

actually 실제로는   **things** 상황, 사물

 **Paraphrase**

People often say that time changes things, but you actually need to make the changes yourself.

사람들은 시간이 모든 것을 바꾼다고 말하지만, 실제로는 스스로 변화시켜야 한다.

They say that time changes things, but you actually have to change them yourself.

사람들은 시간이 상황을 변호시켜 준다 하지만, 실제로는 자기 자신이 상황을 변화시켜야 한다.

❋ Key point

1. V + that ~

   I believe that you can be rich.
   동사 다음에 that이 있을 때 that은 '~을/를' 이라는 해석을 만들어 낸다.

2. ~ / 접속사 …

   문장이 길다 싶으면 으레 접속사 개념이 보이기 마련이다. 접속사 앞에서 반드시 끊어 긴 문장이 짧은 두 문장으로 느껴져야 한다.

❋ 영어명언 필사

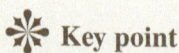

❋ Dialogue

A: It is okay. Someday, I will be rich. Time changes things.
B: I wish you could change your mind. **They say that time changes things, but you actually have to change them yourself.**

A: 괜찮아. 언젠가 난 부자가 될 거야. 시간이 해결해 줄 거야.
B: 난 네가 마음을 바꿔 먹었으면 좋겠어. **사람들은 시간이 해결해준다 말하지만 실제로는 너 자신이 상황을 변화시켜야만 해.**

014

The greater danger for most of us lies not in setting our aim too high and falling short; but in setting our aim too low and achieving our mark.

Michelangelo

❋ Jeff's Message

목표를 설정할 때는 성취가 분명한, 만만한 목표보다는 자신이 판단하기에 실현하기 다소 부담스러운 목표를 설정하는 것이 좋습니다. **목표가 너무 쉬우면 목표를 이루더라도 성취감을 느끼기 어려울 수 있습니다. 또한, 목표는 항상 완벽하게 이루기 어려운 경우가 많기 때문에, 목표에 근접한 성취 또한 매우 중요합니다.** 그렇게 해야 조금씩 성장하며 자신이 만족할 만한 결과를 언젠가 얻을 가능성이 높아지기 때문입니다.

❋ VOCA

lie ~에 있다, 거짓말하다   **achieve** 성취하다

❋ Paraphrase

The real risk for most of us is not aiming too high and missing the target, but rather aiming too low and hitting it.

우리 대부분에게 진정한 위험은 목표를 너무 높게 설정하고 실패하는 것이 아니라, 목표를 너무 낮게 설정하고 그것을 달성하는 것이다.

The greater danger for most of us lies not in setting our aim too high and falling short; but in setting our aim too low and achieving our mark.

우리가 가장 경계해야 하는 것은 목표를 높게 정하고 이루지 못하는 것이 아니라, 목표를 낮게 잡고 그것에 안주하는 것이다.

❋ Key point

1. in ~ ing   ~할 때 / ~하는데

in 다음에 ~ing가 보이면 '~할 때, ~하는데' 라는 해석을 해야 한다.

2. not A but B   A가 아니라 B다.

not과 but은 반드시 세모를 치고, 어울려 뜻을 함께 만들어 냄을 기억해야 한다.

3. A and B
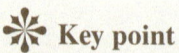

영어는 두 개가 나열될 때 반드시 사이에 접속사 개념이 존재한다. 그리고 연결된 두 개는 문법적으로 같은 자격이 되어야 한다. (A가 ~ing 형태이면, B도 ~ing)

❋ 영어명언 필사

❋ Dialogue

A: I am satisfied with my life. No more challenge in my life!

B: The greater danger for most of us lies not in setting our aim too high and falling short; but in setting our aim too low and achieving our mark. Trust your chances and try a little more.

A: 나는 내 삶에 만족해. 내 인생에 더 이상의 도전은 없어!
B: 우리가 가장 경계해야 하는 것은 목표를 높게 정하고 이루지 못하는 것이 아니라 목표를 낮게 잡고 그것에 안주하는 것이야. 너의 가능성을 믿고 좀 더 도전해봐.

be satisfied with ~에 만족하다

015

If you can dream it, you can do it.
Always remember this whole thing was
started by a mouse.

Walt Disney

❋ Jeff's Message

모든 일의 성공은 그 일을 성공시킬 수 있다는 소망이나 꿈에서 비롯됩니다. 결과는 미리 예측하기 어려우며, 아무도 확신할 수 없습니다. 하지만 먼저 자신의 능력을 믿고 최선을 다해 노력하는 것이 중요합니다. **간절한 소망과 열정으로 일에 임하면, 어떤 어려움도 극복할 수 있습니다.** 바로 이것이 세상의 법칙 중 하나라고 생각합니다.

❋ VOCA

mouse 생쥐 (복수형은 mice)

❋ Paraphrase

If you can imagine it, you can achieve it.
Always remember, this entire journey began with a mouse.

당신이 상상할 수 있다면, 그것을 이룰 수 있다.
항상 기억하세요, 이 모든 여정은 한 마리의 쥐로 시작되었음을.

If you can dream it , you can do it.
Always remember (that) this whole thing was started by a mouse.

꿈꿀 수 있다면, 그것을 실현할 수도 있다. 이 모든 것이 생쥐 한 마리에서 시작되었다는 것을 항상 기억하라.

❇ Key point

1. 접속사 ~ , / S + V

   문두에 접속사가 등장할 경우 반드시 뒤에 콤마가 보이게 마련이다. 그 콤마에서 문장을 확실히 끊어 읽어야 한다.

2. V + (that) + S + V

   동사가 나오고 그 뒤에 또 다시 '주어+동사'의 관계가 보인다면 '주어+동사' 앞에는 '~을/를' 뜻을 만들어내는 that 접속사가 생략되어 있다.

❇ 영어명언 필사

_____
_____
_____
_____

❇ Dialogue

A: I doubt that I can achieve my dream.
B: If you dream it, you can do it. I think you should at least try it.

A: 내가 꿈을 이룰 수 있을지 의문이야.
B: 꿈꿀 수 있다면, 그것을 실현 할 수도 있어. 적어도 시도는 해봐야 한다고 생각해!

at least 적어도

영어명언 16강 동영상 강의   영어명언 16강 Audio 듣기

016
The door of opportunity is opened by pushing.

Anonymous

Jeff's Message

기회는 기다리는 것이 아니라 스스로 찾아야 합니다. 기회가 온다고 느껴지는 순간, 과감하고 신속하게 그것을 내 것으로 만들어야 합니다. **기회란 한여름 소나기와 같아서, 한참 동안 내 곁에 머물 것 같지만 금세 사라져 버립니다.** 머뭇거리다가는 기회를 놓치기 쉽습니다.

 VOCA

opportunity 기회

 Paraphrase

Opportunity only comes to those who push for it.

기회는 그것을 위해 나아가는 사람에게만 찾아온다.

The door of opportunity is opened 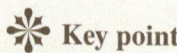 by pushing.

기회의 문은 밀어야 열린다.

❋ Key point

1. 전치사 + ~ing'의 다양한 해석법을 반드시 기억하자. 영미인들의 사용빈도가 아주 높은 단어조합이다. 반드시 기억해야 한다.

　　~ 함으로써

in + ~ing　　~ 할 때, ~하는 데

on + ~ing　　~ 하자마자

❋ 영어명언 필사

❋ Dialogue

A:  graduated from school, and now I just need to wait for a chance to get a job.
B: Don't wait! Try to find it for yourself. **The door of opportunity is opened by pushing.**

A: 학교를 졸업했으니 이제 난 취직할 기회가 오기를 기다리기만 하면 되겠네.
B: 기다리지 마! 스스로 찾으러 노력해. **기회의 문은 밀어야 열려.**

graduate from ~를 졸업하다　　for oneself 스스로

017

Well done is better than well said.

Benjamin Franklin

❋ Jeff's Message

대부분의 사람이 좋은 생각과 멋진 아이디어를 가지고 있습니다. 하지만 대부분 사람의 인생은 생각만큼 변화가 없습니다. 대부분은 생각만 하고 행동이 없기 때문에 변화가 일어나지 않습니다. 단순히 생각이나 말만으로는 아무것도 변하지 않습니다. **잘 생각해 둔 것이 있다면, 그것을 실천에 옮겨야 합니다.** 그래야 인생에 변화가 일어나게 됩니다.

❋ VOCA

than　~보다

❋ Paraphrase

Actions speak louder than words.
행동은 말보다 더 크게 말한다.(전달이 강력하다.)

Well done is better / than well said.

실천이 말보다 낫다.

❋ Key point

익숙한 단어의 만남인 아래 두가지 표현을 잘 익혀두자. 두 단어 모두 명사화 되어 쓰여진 단어다. 중요한 것은 p.p. 해석을 할 때 반드시 '~되다(수동)'라는 의미가 포함되어야 한다.

1. well-done   잘 행동된 것

2. well-said   잘 말해 진 것

일상회화에서 well-done은 '고기가 잘 구워 진' 이라는 뜻이며,
'Well done!' 처럼 완전한 하나의 문장으로 쓸 경우 '잘했어! 훌륭해!' 라는 뜻도 된다.

❋ 영어명언 필사

❋ Dialogue

A: Next year, I will lose weight!
B: That's good, but **well done is better than well said.** I think it's better to start right away rather than waiting until next year.

A: 내년에는 꼭 살을 뺄 거야.
B: 좋아! 그런데 **실천이 말보다 나아.** 내년에 하기 보다는 당장 시작하는 게 좋을 거 같애.

lose weight 살을 빼다

018

One of these days is none of these days.

Henry George Bohn

❋ Jeff's Message

우리는 종종 언젠가부터 어떤 일을 하겠다고 다짐하곤 합니다. 그러나 '언젠가'라는 단어를 사용하는 것이 그 일을 할 수 없는 가장 큰 이유입니다. 어떤 일을 해야 한다는 필요성을 느꼈다면, 목표와 기한을 가지고 그 일을 지금 바로 시작해야 합니다. **'언젠가'** 하겠다는 말은 사실상 하지 않겠다는 말과 다름없습니다.

❋ VOCA

none   아무(하나)도 ~않다(없다)

❋ Paraphrase

'One of these days' often means 'never'.
'언젠가라는 말은 종종 '결코~하지 않는다'를 의미한다.

One of these days is none of these days.

언젠가라는 날은 영원히 오지 않는 날이다.

❋ Key point

다음 두 가지 표현의 뜻을 잘 기억해두자.

1. **one of these days**   앞으로 다가올 날들 중 하루 → 언젠가
2. **none of these days** 앞으로 다가올 날들 중 하루도 없는 날 → 오지 않을 날

❋ 영어명언 필사

❋ Dialogue

A: I want to quit my job and travel around the world someday.
B: One of these days is none of these days. If you really want it, just do it.

A: 언젠가는 일을 그만두고 세계여행을 다니고 싶어.
B: **언젠가라는 날은 영원히 오지 않아.** 정말 원하면, 그냥 해.

quit 그만두다

019

The more we do, the more we can do.

William Hazlitt

❋ Jeff's Message

처음부터 잘하는 일은 없습니다. 반복과 숙달 과정을 통해 누구나 능숙한 솜씨를 가질 수 있습니다. 결국 어떤 일을 잘하기 위해 가장 필요한 덕목은 그 일을 지속적으로 반복하여 숙달할 수 있는 '인내'입니다. 인내, 즉 꾸준함은 어렵지만, 꾸준함만 있다면 누구나 자신이 하고자 하는 일을 잘 할 수 있다고 생각합니다. 진부한 말일지 모르지만, **어쩌면 인생의 가장 큰 비밀은 바로 '꾸준함'일지도 모릅니다.**

❋ VOCA

the+비교급 ~ the+비교급　　~하면 할 수록 더 ... 하다

❋ Paraphrase

The more we take action, the more our abilities grow.
우리가 더 많이 행동할수록, 우리의 능력도 더 많이 성장한다.

The more we do, the more we can do.

하면 할수록, 더 할 수 있다.

❋ Key point

1. the + 비교급 ~ the + 비교급   ~하면 할수록 더~하다.

비교급 앞에 the가 나올 때 특별한 뜻이 만들어 짐을 기억하자. 'The+비교급'은 문장에서 두 번 나오게 된다.

The more, the better. (많으면 많을수록 좋다.)
The more you exercise, the healthier you become. (운동하면 할 수록 더 건강해진다.)

❋ 영어명언 필사

❋ Dialogue

A: It seems impossible to paint like that artist. I don't think I'm good enough.
B: **The more we do, the more we can do**. Don't give up.

A: 저 화가처럼 그리는 건 불가능해 보여. 난 재능이 부족한 거 같아.
B: **하면 할수록 더 할 수 있어**. 포기하지마!

impossible 불가능한   give up 포기하다

020

You miss 100% of the shots you never take.

Wayne Gretsky

❋ Jeff's Message

성공할 수 없는 명확한 원인은 성공하려고 시도조차 하지 않을 때입니다. 우물을 파려면 일단 삽을 들고 땅을 파야 합니다. 삽도 준비하지 않고, 땅을 파지도 않은 채 땅을 바라보기만 한다면, **우물은 절대 저절로 생기지 않습니다.**

❋ VOCA

miss 놓치다   **shot** 슛, 시도

❋ Paraphrase

You can't succeed if you don't try.
시도하지 않으면 성공할 수 없다.

You miss 100% of the shots (you never take.)

네가 시도하지 않는 슛은 100% 놓치는 것이다.

❄ Key point

1. 명사 + (S + V)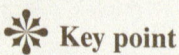

명사 다음에 '주어+동사' 관계가 보인다면 '주어+동사' 덩어리가 앞의 명사를 대부분 수식하는 구조다.

❄ 영어명언 필사

❄ Dialogue

A: Should I tell her that I love her? I'm afraid I'll be rejected.
B: **You miss 100% of the shots you never take.** Give it a shot.

A: 그녀를 사랑한다고 그녀에게 말해야 되나? 거절당할까 두려워.
B: **시도도 안 하면 100% 놓치는 거야.** 시도해봐!

give it a shot 시도해보다   reject 거절하다

영어명언 21강 동영상 강의
 영어명언 21강 Audio 듣기

021

You will never find time for anything.
If you want time, you must make it.

— Charles Buxton

✦ Jeff's Message

시간이 없다고, 지금은 때가 아니라고 투덜거리는 사람들이 있습니다. 하지만 적절한 때나 최상의 때는 결코 오지 않습니다. 어떤 일을 해야 할 필요성을 느꼈다면, 작은 행동이라도 지금 당장 시작하세요. **지금이 바로 그 일을 시작할 가장 적절한 때입니다.**

✦ VOCA

never 결코(절대) ~ 않다

✦ Paraphrase

You won't find time for anything; you have to make time if you want it.

어떤 일에도 시간을 찾을 수 없으니, 시간을 원하면 스스로 만들어야 한다.

You will never find time/for anything.
If you want time,/you must make it.

당신은 결코 시간을 찾을 수 없다. 시간이 필요하다면 만들어내야 한다.

❋ Key point

1. 전치사 for 앞에서 살짝 끊어가자!

문장은 덩어리 지어서 보여야 한다. 덩어리의 가장 기본은 '전치사+명사' 덩어리이다. 그 덩어리를 찾아낼 수 있어야 한다.

2. 접속사 ~ , / S + V

문두에 접속사가 보이면 그 뒤에는 반드시 콤마가 보인다. 그 콤마에서 문장을 반드시 끊어 읽어야 한다.

❋ 영어명언 필사

❋ Dialogue

A: I always don't have time to learn English. Why am I always busy?
B: You will never find time for anything. If you want time, you must make it. Now is the right time.

A: 영어를 배울 시간이 항상 없어. 난 왜 항상 바쁘기만 하지?
B: 뭔가를 할 시간은 찾는 것이 아니라 만드는 것이야. 지금이 그 적절한 때야.

022

A man of words and not of deeds is like a garden full of weeds.

Proverb

❋ Jeff's Message

항상 말보다 행동이 많은 사람이 되도록 하세요. 세상에는 좋은 생각, 멋진 아이디어, 화려한 말솜씨를 가진 사람들이 너무나 많습니다. 하지만 행동 없는 생각과 말은 아무 쓸모가 없습니다. 생각이나 말만으로는 아무것도 변하지 않기 때문입니다. 변하고 싶다면 말보다는 행동을 해야 합니다.

❋ VOCA

a man of words 말만 하는 사람   **a man of deeds** 실천하는 사람   **weed** 잡초

❋ Paraphrase

A person who only talks and doesn't act is like a garden full of weeds.

말만 하고 행동하지 않는 사람은 잡초로 가득한 정원과 같다.

A man of words and not of deeds is like a garden full of weeds.

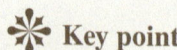

말만 많고 실천을 않는 사람은 잡초만 무성한 정원과 같다.

✤ Key point

1. A and B

영어에서 두 개의 단어를 연결시키는 가장 기본이 되는 방법은 and를 써서 두 개를 연결해주는 것이다.

2. like — 좋아하다 / ~와 같은

문장에서 동사가 두 번 연속 나올 수 없다. 앞에 be동사가 있으니 뒤의 like는 '좋아하다' 라는 뜻의 동사가 아닌, '~와 같은' 이라는 뜻의 전치사이다. be like는 한 덩어리로 '~와 같다' 라는 의미이다.

I need someone like you. (나는 너 같은 사람이 필요해.)

✤ 영어명언 필사

_____
_____
_____
_____

✤ Dialogue

A: I will keep it secret this time. Promise. Trust me. I can do this.
B: A man of words and not of deeds is like a garden full of weeds. You've disappointed me all this time.

A: 이번에는 진짜 비밀로 할게. 약속해. 믿어봐. 할 수 있어.
B: 말만 많고 실천을 않는 사람은 잡초만 무성한 정원과 같어. 넌 이제껏 나에게 실망을 주었어.

disappoint 실망시키다

023

Perhaps the worst sin in life is knowing right and not doing it.

Martin Luther King

Jeff's Message

자신의 직관이 옳다고 생각되는 일을 실행에 옮기는데 주저하지 마세요. 용기를 내어 도전해 보세요. 그래야 먼 훗날 인생에 후회가 없을 것입니다. 나이 드신 분들께 본인의 인생에서 후회하는 것이 무엇인지 묻는다면, 가장 많이 하는 답이 '그때 그걸 도전해 볼걸…'이라는 말씀입니다. 인생은 어떻게 살든 후회의 연속일 수도 있습니다. 하지만 그 후회를 최소화하는 길은 명확합니다. 계속해서 자신이 믿는 옳은 일, 하고 싶은 일에 도전하는 것입니다.

VOCA

worst 가장 나쁜   **sin** 죄

Paraphrase

Perhaps the greatest failure in life is knowing what is right and not acting on it.

아마도 인생에서 가장 큰 실패는 옳은 일을 알고도 실천하지 않는 것이다.

Perhaps the worst sin in life is knowing right and not doing it.

아마도 인생에서 가장 나쁜 죄는 옳은 것을 알면서도 행하지 않는 것이다.

✻ Key point

1. be + ~ing

be동사 다음에 ~ing가 보이면 '~하는 중이다' 혹은 '~하는 것이다'라는 해석 중 적절한 것을 떠올려야 한다. 위 문장에서는 '~하는 것'이라고 해석해야 한다.

2. A and B

영어는 두 가지가 연결될 때 반드시 사이에 and가 보이게 된다.
이 때 A와 B는 문법적 성격이 같아야 한다. 위 문장에서는 knowing과 doing이 and를 통해 연결되어 있다.

✻ 영어명언 필사

✻ Dialogue

A: I have so much homework today. I don't want to do it.
B: Perhaps the worst sin in life is knowing right and not doing it. You will regret if you don't do it.

A: 오늘 할 숙제가 너무 많아. 하고 싶지가 않아.
B: 아마 세상에서 가장 나쁜 것은 옳은 것을 알고도 행하지 않는 것일 것이다. 안 하면 후회 할 걸.

regret 후회하다

024

Take time to deliberate, but when the time for action has arrived, stop thinking and go in.

Napoleon Bonaparte

❋ Jeff's Message

생각이 너무 많으면 아무것도 시도해보지 못합니다. 생각이 어느정도 정리되고 결심이 섰다면, 그 다음부터는 과감히 실행에 옮겨야 합니다. 생각만으로는 변하는 것이 없으며, 오직 상황을 변화시킬 수 있는 것은 나의 행동입니다. 행동에 옮기는 것을 두려워하지 맙시다.

❋ VOCA

deliberate 숙고하다

❋ Paraphrase

Take time to think things through, but once it's time to act, stop thinking and start doing.

신중하게 생각할 시간을 가지되, 행동할 시간이 되면 고민을 멈추고 실행하라.

Take time to deliberate, but when the time for action has arrived, stop thinking and go in.

숙고할 시간을 가져라, 그러나 행동할 때가 오면 생각을 멈추고 뛰어들어라.

❋ Key point

1. 명사 + (to + V)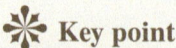
   I need a time to relax.
   '명사+to 동사원형'의 어순인 경우 'to+동사원형'이 앞의 명사를 수식한다.

2. { 접속사 + (접속사 ~ ,) . }
   접속사와 접속사가 충돌하는 경우 반드시 위의 그림대로 문장을 이해한다. 앞의 접속사가 마침표까지, 뒤의 접속사가 콤마 있는 데까지 관여한다.

❋ 영어명언 필사

_____
_____
_____
_____

❋ Dialogue

A: I always miss the chance to propose her.
B: Once Napoleon said "**Take time to deliberate, but when the time for action has arrived, stop thinking and go in.**" When you meet her next time, don't hesitate.

A: 나는 항상 그녀에게 고백할 기회를 놓치는 거 같아.
B: 나폴레옹이 "**숙고할 시간을 가져라, 그러나 행동할 때가 오면 생각을 멈추고 뛰어들어라.**" 라고 했지. 다음에 만나면 주저하지마.

hesitate 망설이다, 주저하다

025

I don't regret the things I've done. I regret the things I didn't do when I had the chance.

Anonymous

❋ Jeff's Message

시도해서 실패한 아픔보다 시도조차 하지 못한 아쉬움이 항상 더 큽니다. 훗날 후회가 덜하도록 더 많이 시도하고 도전해 보세요. 실패는 배움의 과정일 뿐, 시도하지 않는 것보다 훨씬 값진 경험을 안겨줍니다. 도전하는 그 순간, 이미 나는 한 걸음 앞서 성장하는 과정으로 나아가고 있습니다.

❋ VOCA

regret 후회하다   chance 기회

❋ Paraphrase

I don't regret the things I've done, but I do regret the chances I didn't take.

내가 한 일에 대해서는 후회하지 않지만, 기회를 놓친 것에 대해서는 후회한다.

I don't regret the things I've done.
I regret the things I didn't do when I had the chance.

내가 해왔던 것에 후회하지 않는다. 기회가 왔을 때 하지 않았던 것을 후회한다.

❋ Key point

1. 명사 + (that) + S + V

명사 나오고 '주어+동사' 관계가 보이면 '주어+동사' 덩어리가 앞의 명사를 수식한다. (주어 앞에 관계대명사 that이 생략된 것으로 보면 됨.)

2. 문장에서 접속사를 만나면 반드시 앞에서 끊어간다!

when 앞에서 한번 끊어갈 수 있느냐 그냥 못 보고 지나가느냐가 관건이다. 접속사를 발견하여 문장을 끊어 읽을 수 있을 때 긴 영어 문장이 쉽게 느껴진다.

❋ 영어명언 필사

_____
_____
_____
_____

❋ Dialogue

A: What do you regret most in life?
B: I don't regret the things I've done. I regret the things I didn't do when I had the chance. I won't hesitate to challenge myself from now on.

A: 무엇이 인생에서 가장 후회되니?
B: 나는 내가 해왔던 것에 후회하지 않아. 기회가 왔을 때 하지 않았던 걸 후회해. 앞으로는 도전하는 걸 주저하지 않으려해.

Part.
02

The best way to change the world is to change yourself.

나를 바꾸면 세상이 바뀐다.
끈기와 인내를 가지고 나를 바꿔보자!

026

The only difference between success and failure is the ability to take action.

Alexander Graham Bell

❋ Jeff's Message

성공과 실패의 사이에는 포기만이 존재합니다. 포기하지 않고 끝까지 노력한다면 누구나 성공할 수 있습니다. 성공은 언제나 한 걸음 앞에 있으며, 그 한 걸음을 내딛는 과정이 참으로 힘이 듭니다. 생각해보면 포기는 참 쉽고 편한 방법입니다. 많은 사람들이 포기를 선택하게 되죠. 그러나 포기만 건너뛰면, 결국 우리는 성공에 도달할 수 있습니다. 포기하지 않고 꾸준히 노력하는 것이 중요합니다. 포기의 순간을 넘어서면, 성공이 기다리고 있을 것입니다.

❋ VOCA

difference 차이   **take action** 행동으로 옮기다

❋ Paraphrase

The sole difference between success and failure is the willingness to take action.
성공과 실패의 유일한 차이는 행동하려는 의지이다.

The only difference (between success and failure) is the ability to take action.

성공과 실패의 유일한 차이점은 실행력이다.

❋ Key point

1. 문장이 길면 동사를 찾아라!

위 문장의 주어는 be동사인 is이다. 이 동사를 찾을 수 있는 눈이 해석을 할 수 있는 핵심능력이다.

2. 명사 + (to + 동사)

명사 다음에 'to+동사'가 나오면 'to+동사'가 앞의 명사를 수식한다.

❋ 영어명언 필사

❋ Dialogue

A: Do you know what the difference between success and failure is?
B: **The only difference between success and failure is the ability to take action.**
A: Wow! You are great!

A: 성공과 실패의 차이가 뭔줄 아니?
B: **성공과 실패의 유일한 차이점은 실행력이야.**
A: 와우! 역시 넌 대단해!

difference 차이

027

The one thing that separates the winners from the losers is, winners take action.

Anonymous

❋ Jeff's Message

누구나 승리에 대해 생각할 수 있습니다. 하지만 어떤 이는 승리에 대해 생각에 그치고, 어떤 이는 승리에 대한 그 생각을 실행에 옮깁니다. 어쩌면 승리 혹은 성공의 비밀은 단순합니다. 생각한 것을 일단 행동으로 옮기면 됩니다. 그 행동이 반드시 좋은 결과를 보장하지는 않겠지만, **분명한 사실은 승리의 가능성이 열린다는 점입니다.**

❋ VOCA

separate 가르다   **winner** 승자   **loser** 패자

❋ Paraphrase

What sets winners apart from losers is that winners take action.
승자와 패자를 구별하는 것은 승자는 행동한다는 것이다.

The one thing (that separates the winners from the losers) is, winners take action.

승자와 패자를 나누는 단 한 가지는, 승자는 실행한다는 것이다.

✳ Key point

1. 명사 + (that + V1 ⋯) / V2

명사 뒤에 'that + 동사 덩어리'는 앞의 명사를 수식한다.
이때 that뒤의 동사가 두 개인 경우 두 번째 동사 앞에서 끊는다. 그리고 that부터 끊은 곳까지 앞의 명사를 수식한다.

✳ 영어명언 필사

✳ Dialogue

A: What do you think the differences are between winners and losers?
B: **The one thing that separates the winners from the losers is, winners take action.**
A: What a great sentence! I will also use it to others

A: 성승자와 패자의 차이가 무엇이라고 생각하니?
B: **승자와 패자를 나누는 단 한 가지는, 승자는 실행했다는 것이다.**
A: 멋진 문장인걸! 나도 어디 가서 써먹어야겠어.

영어명언 28강
동영상 강의

 영어명언 28강
Audio 듣기

028
The best way to change the world is to change yourself.

Anonymous

Jeff's Message

자신을 둘러싼 세상을 변화시키는 것은 불가능에 가깝습니다. 세상 자체를 바꾸려 하기보다는, 나 자신이 세상을 바라보는 관점을 바꾸려 노력해보세요. 행복을 결정짓는 것은 상황 그 자체가 아닙니다. **그 상황을 바라보는 나의 관점과 태도임을 잊지 마세요.**

VOCA

change 변화시키다

Paraphrase

The most effective way to change the world is by changing yourself.
세상을 바꾸는 가장 효과적인 방법은 자신을 변화시키는 것이다.

The best way to change the world is to change yourself.

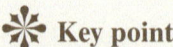

세상을 바꾸는 최고의 방법은 너 자신을 바꾸는 것이다.

❋ Key point

1. 명사 + (to + V)

명사 다음에 'to+동사원형' 형태의 단어 배열이 보인다면 'to+동사원형'이 앞의 명사를 수식한다.

2. be + to + V

be동사 다음에 'to+동사원형' 형태의 단어 배열이 느껴진다면 'to+동사원형'의 기본 해석은 '~하는 것' 이다.

❋ 영어명언 필사

❋ Dialogue

A: Life is so unfair. Nobody understands me.
B: The best way to change the world is to change yourself. Don't blame others.

A: 삶은 불공평해. 아무도 나를 이해 못 해.
B: 세상을 바꾸는 최고의 방법은 너 자신을 바꾸는 것이야. 남들을 탓하지 말아.

unfair 불공평한　　**blame** 비난하다

029

To move the world, we must first move ourselves.

Socrates

✤ Jeff's Message

세상을 바꾸기는 어렵습니다. 하지만 내 생각, 태도, 그리고 생활습관을 바꾸는 것은 훨씬 쉬운 일입니다. 세상은 내가 바라보는 방식에 따라 달라 보일 수 있습니다. **나 자신을 바꾸면, 나를 둘러싼 세상도 자연스럽게 변화하게 됩니다.**

✤ VOCA

move ~을 움직이다

✤ Paraphrase

To make a difference in the world, we must first start by changing ourselves.

세상을 변화시키려면 먼저 자신부터 변화시켜야 한다.

To move the world, / ***we must first move ourselves.***

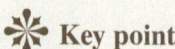

세상을 움직이려면 먼저 나 자신을 움직여야 한다

❋ Key point

1. To + 동사원형 ~ /, S + V
   ~하기위해서

문두에 'To+동사원형'이 보이면 콤마 뒤에 '주어+동사' 관계를 찾아 콤마에서(주어 앞에서) 과감히 끊어 읽어야 한다. 문두의 '+동사원형'은 '~하기 위해서'라는 해석이 기본이다.

❋ 영어명언 필사

❋ Dialogue

A: To move the world, we must first move ourselves.
B: You're right. If we change ourselves, the world around us will change.

A: 세상을 움직이려면 먼저 나 자신을 움직여야 해.
B: 그래 맞아. 우리 자신을 바꾸면 우리를 둘러싼 세상이 변하게 될거야.

030

Action may not bring happiness, but there is no happiness without action.

William James

❋ Jeff's Message

인생을 행복으로 이끄는 방법은 어쩌면 단순합니다. 먼저, **자신이 인생을 행복하게 만들 수 있는 방법을 고민해보세요.** 그 고민의 결과를 행동으로 옮기고, 행동이 좋은 결과를 낳을 수 있도록 최선을 다합니다. 비록 진부한 순서처럼 보일 수 있지만, 행복을 가져오는 가장 뚜렷하고 확실한 방법입니다.

❋ VOCA

action 행동   bring 가지고 오다

❋ Paraphrase

Action might not guarantee happiness, but there is no happiness without taking action.

행동이 행복을 보장하지는 않을 수 있지만, 행동 없이는 행복이 없다.

Action may not bring happiness, / but there is no happiness without action.

행동이 반드시 행복을 안겨주지 않을지 모르지만, 행동 없는 행복은 없다.

❋ Key point

1. , / 접속사

'콤마+접속사' 구조가 보인다면 콤마에서 확실히 끊어가야 한다. 그러면 긴 문장이 짧은 두 개의 문장으로 나뉘어 보인다.

❋ 영어명언 필사

❋ Dialogue

A: I can't take courage in behaving.
B: **Action may not bring happiness, but there is no happiness without action.**
A: Thanks. I think I can take courage.

A: 행동하는 데 있어 용기가 잘 나지 않아.
B: 행동이 반드시 행복을 안겨주지 않지는 몰라도 행동 없는 행복이란 없어.
A: 고마워. 용기를 낼 수 있을 거 같아.

영어명언 31강
Audio 듣기

031

To change one's life, we must start immediately and do it flamboyantly. No exception.

William James

Jeff's Message

인생에서 늦은 때란 결코 없습니다. 인생을 변화시키고 싶다면, 지금 당장 시작하세요. 가장 늦었다고 생각할 때가 가장 빠른 법입니다.

 VOCA

immediately 당장, 즉각적으로   **flamboyantly** 대담하게   **exception** 예외

 Paraphrase

To change your life, you need to start right away and do it with enthusiasm. There are no exceptions.

인생을 변화시키려면 즉시 시작하고 열정적으로 실행해야 한다. 예외는 없다.

(To) change one's life, / we must start immediately and do it flamboyantly. No exception.

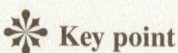

인생을 바꾸려면 지금 당장 시작하여 대담하게 실행하라. 예외는 없다.

✱ Key point

1. 문두에 'To+동사원형'은 '~하기 위해서'라는 해석이 대부분이다.

2. A and B

   영어는 대등한 두 개가 연결될 때 사이에 and를 쓴다. 위 문장에서는 start 동사와 do 동사가 and를 통해 대등하게 연결되어 있다.

✱ 영어명언 필사

✱ Dialogue

A: I've got a new thing I want to do. When do you think I should do it?
B: **To change one's life, we must start immediately and do it flamboyantly. No exception.**

A: 하고 싶은 새로운 일이 생겼어. 언제 하면 좋을까?
B: **인생을 바꾸려면 지금 당장 대담하게 실행해. 예외는 없어.**

032

The ocean is made of drops.

Theresa

❋ Jeff's Message

산을 오르는 가장 빠르고 분명한 방법은 일단 산쪽으로 한 발짝 내딛는 것입니다. 거창하고 대단한 일은 사실 작고 사소한 일들이 쌓여서 이루어지는 경우가 대부분입니다. 삶의 모든 순간을 소중히 여기세요. 그 순간들이 모여 나의 멋진 삶이 만들어질 수 있습니다.

❋ VOCA

ocean 바다, 대양 **be made of~** ~로 이루어져 있다 **drop** 물방울

❋ Paraphrase

The ocean is composed of individual drops.

바다는 하나하나의 물방울로 이루어져 있다.

The ocean is <u>made</u> of drops.

바다는 작은 물방울들이 모여 이루어진다.

❋ Key point

1. be made of~   ~로 만들어지다

This desk is made of woods. (책상은 나무로 만들어진다.)
Wine is made from grapes. (와인은 포도로 만들어진다.)

* from을 쓸 때는 물질의 본래 성격을 잃어버리는 화학적 변화가 일어날 때 쓴다.

❋ 영어명언 필사

❋ Dialogue

A: I don't think this donation will work.
B: The Ocean is made of drops. Your tiny donation will help someone, somewhere.

A: 나는 기부가 별로 효과가 없다고 생각해.
B: 바다는 작은 물방울들이 모여서 이루어지는 거야. 너의 작은 기부가 어디에 있는 누군가를 도울 것이야.

donation 기부   tiny 매우 작은

033

A genius is just a talented person who does his homework.

Thomas A. Edison

✺ Jeff's Message

천재는 거창한 사람이 아닙니다. 자신이 해야 할 일에 애정을 가지고 꾸준히 해낼 수 있는 인내와 재능만 있으면 누구나 천재가 될 수 있습니다. **꾸준함은 생각보다 대단한 재능입니다.** 인생을 살면서 가장 어려운 것 중 하나가 바로 '꾸준함'이라는 것을 새삼 느끼게 됩니다.

✺ VOCA

genius 천재　　**talented** 재능 있는　　**homework** 숙제, 과제

✺ Paraphrase

A genius is simply someone who has talent and works hard.
천재는 단지 재능이 있고 열심히 노력하는 사람이다.

A genius is just a talented person who does his homework.

천재란 자신에게 주어진 일을 하는 재능 있는 사람일 뿐이다.

❋ Key point

1. 명사 + (who + V)

명사 다음에 'who+동사 구조'가 보일 때 'who+동사 덩어리'가 앞의 명사를 수식한다.

❋ 영어명언 필사

❋ Dialogue

A: Wow, you are a genius. How did you do that?
B: A genius is just a talented person who does his homework. I think anyone can become a genius if they work hard.

A: 와, 너 천재다. 어떻게 그렇게 하는거야?
B: 천재란 자신에게 주어진 일을 하는 재능 있는 사람일 뿐이야. 열심히 노력하면 누구나 천재가 될 수 있다고 생각해.

034

People do not lack strength, they lack will.

Victor Hugo

❈ Jeff's Message

사람들이 대부분 성공을 향해 달려가다 포기하는 이유는 명확한 목표와 그 목표를 반드시 이루겠다는 의지의 부족입니다. 의지가 부족하면 나태함이 밀려오기 쉽습니다. 항상 목표를 의식하고 왜 그것을 하려고 하는지를 명확히 하세요. 그러면 성공으로 가는 길이 보일 것입니다.

❈ VOCA

lack ~이 부족하다   **strength** 힘, 강인함   **will** 의지

❈ Paraphrase

People have plenty of strength; what they lack is willpower.
사람들은 충분한 힘을 가지고 있다. 부족한 것은 의지력이다.

People do not lack strength, they lack will.

사람들에게 부족한 것은 강인함이 아니라 의지가 부족한 것이다

❋ Key point

1. lack이라는 단어는 명사로는 '부족, 결핍'이라는 뜻이고,

   동사로는 '부족하다' 라는 뜻이다.

   lack이 명사로 쓰인 말인지 동사로 쓰인 말인지 재빨리 판단하는 것이 중요하다. 위 문장에서는 주어는 보이고, 동사가 보이지 않으니 당연히 동사로 쓰인 lack이다.

❋ 영어명언 필사

❋ Dialogue

A: I am not strong enough to do this.
B: Come on. **People do not lack strength, they lack will.** You can do it if you decide to do.

A: 난 이걸 할 정도로 강인하지가 않아.
B: 왜 그래. **강인함이 부족한 게 아니라 의지가 부족한 거야.** 하기로 마음 먹으면 할 수 있어.

come on 왜 그러니   decide 결정하다

035

Pain is temporary. Quitting lasts forever.

Lance Armstrong

✣ Jeff's Message

성공과 실패의 사이에는 포기만이 있습니다. 포기만 건너뛰면 누구나 성공으로 갈 수 있다고 믿습니다. 포기를 건너뛰는 것은 생각보다 쉽지 않고 고통스러울 수 있습니다. 그러나 먼 훗날 포기한 경험이 가장 큰 후회와 고통이 될 수 있음을 기억하세요.

✣ VOCA

temporary 일시적인   **quit** 그만두다, 포기하다   **last** 지속되다

✣ Paraphrase

Pain is only temporary, but quitting lasts indefinitely.

통증은 일시적이지만, 포기는 영원하다.

Pain is temporary. Quitting lasts forever.

고통은 잠깐이지만 포기는 영원히 남는다.

❋ Key point

1. 동명사 주어 + 단수 동사

동명사가 주어일 경우 단수 취급하여 단수 동사를 써야 한다.
Quit(포기하다)이 Quitting(포기하는 것)이 되면서 문장에서 주어로 쓰였다.

2. last 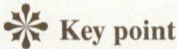 = 지난

= (the last) 마지막

= 지속되다

last는 뜻이 다양한 다의어이다. 동사로 쓰일 때 '지속되다'의 의미임을 꼭 기억하자.

❋ 영어명언 필사

❋ Dialogue

A: I give up. This is too painful.
B: **Pain is temporary. Quitting lasts forever.** If you give up now, you will regret forever.

A: 포기할래. 너무 고통스러워.
B: **고통은 잠깐이지만 포기는 영원히 남는거야.** 지금 포기하면 너는 평생을 후회할거야.

give up 포기하다   painful 고통스러운   regret 후회하다

036

Genius is nothing but a great capacity for patience.

Georges-Louis Leclerc Buffon

❋ Jeff's Message

어떤 일을 제대로 해내기 위해 필요한 사항은 딱 두 가지입니다. 첫째, 그 일에 대한 명확한 목표 의식, 그리고 둘째, 그 목표를 끝까지 포기하지 않는 인내력입니다. 성공과 실패 사이에는 포기만이 있을 뿐, 그 외에는 아무것도 없습니다. **포기하지 않는 끈기와 인내를 기르세요. 그러면 누구나 성공으로 갈 수 있습니다.**

❋ VOCA

nothing but 단지   **capacity** 용량, 수용력   **patience** 인내

❋ Paraphrase

Genius is merely an exceptional ability to be patient.
천재성은 단지 뛰어난 인내력일 뿐이다.

Genius is nothing but a great capacity for patience.

천재는 단지 거대한 인내일 뿐이다.

❋ Key point

1. nothing but　　단지

The child is nothing but trouble.　　(그 소년은 단지 말썽꾸러기일 뿐이다.)

간혹 단어와 단어가 만나 완전히 생소한 의미를 만들어 내는 '덩어리 단어'가 있다. 그 덩어리를 반드시 암기해 두어야 한다.

❋ 영어명언 필사

❋ Dialogue

A: I am not like them. They are genius.
B: You can also be great person. Always remember **genius is nothing but a great capacity for patience.**

A: 나는 그들과 같지 않아. 그들은 천재야.
B: 너도 위대한 사람이 될 수 있어. 항상 '**천재는 단지 거대한 인내일 뿐이다**'라는 걸 기억해.

genius 천재

영어명언 37강
Audio 듣기

037

It's hard to beat a person who never gives up.

George Herman Ruth Jr.

❊ Jeff's Message

포기보다 달콤한 것은 없습니다. 포기는 누구에게나 매력적이며 너무나 쉬운 일입니다. 그러나 그 달콤함을 뒤로하고 지속적으로 노력하는 사람이 진정한 승리의 참맛을 아는 법입니다. 포기도 습관이 될 수 있습니다. **무슨 일이나 쉽게 포기하지 않는 사람이 되기를 바랍니다.**

❊ VOCA

beat 이기다   **give up** 포기하다

❊ Paraphrase

It's difficult to defeat someone who never quits.

절대 포기하지 않는 사람을 이기는 것은 어렵다.

절대로 포기하지 않는 사람을 이기는 것은 어렵다.

❋ Key point

1. 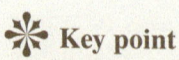 + V

It is so hard to say goodbye. (안녕이라고 말하는 것은 어렵다.)
문장의 시작이 It이라면 뒤쪽에 'to+동사원형'이 보이는지 꼭 체크하자. It의 내용이 to 이하에 그대로 담겨지게 된다.

2.

명사 다음에 'who+동사'가 보인다면 who는 동사 이하가 앞의 명사를 수식하는 구조를 만들어낸다.

❋ 영어명언 필사

❋ Dialogue

A: How can I win your team? You guys never give up.
B: **It's hard to beat a person who never gives up**, isn't it?

A: 너희 팀을 어떻게 하면 이길 수 있지? 너희들은 절대 포기를 하지 않잖아.
B: 절대로 포기하지 않는 사람을 이기는 것은 어렵지? 안 그래?

038

The merit of an action lies in finishing it to the end.

Genghis Khan

Jeff's Message

중간에 포기하는 것만큼 아쉬움을 남기는 일은 없습니다. 시작했다면 끝을 맺는 습관을 들이세요. **포기도 습관이 될 수 있음을 꼭 기억해야 합니다.** 중간에 포기하는 것이 습관이 되면 쉽게 고칠 수 없는 나쁜 병이 될 수 있습니다.

VOCA

merit 가치, 장점   **lie in** ~에 있다

Paraphrase

The true worth of an action is found in completing it fully.
행동의 진정한 가치는 그것을 완전히 끝내는 데 있다.

The merit of an action lies 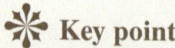 in finishing it to the end.

행동의 가치는 그 행동을 끝까지 이루는 데 있다.

❋ Key point

1. 영어 해석을 가로막는 헷갈리는 동사 세 개다. 이 동사들의 뜻 및 3단 변화를 잘 기억해 두어야 한다. 그래야 영어가 된다!

   ☆ (lie – lied – lied 거짓말하다
       lie – lay – lain   ~있다, 눕다
       lay – laid – laid 놓다, 두다

2. 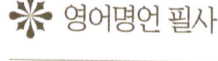   ~하는데 / ~할 때

   in 다음에 ~ing 표현이 오면 반드시 '~하는 데/할 때' 라는 해석법을 떠올린다.

❋ 영어명언 필사

❋ Dialogue

A: I cannot finish this. This is too hard for me.
B: *The merit of an action lies in finishing it to the end.* You must do this.

A: 이건 못 끝내겠어. 나에게 있어 너무 어려워.
B: **행동의 가치는 그 행동을 끝까지 이루는 데 있어.** 넌 이걸 반드시 해야만 해.

hard 어려운, 힘든

039

*Our greatest glory is not in never falling
but in rising every time we fall.*

Confucius

❋ Jeff's Message

실패를 겪지 않을 수 있는 사람은 없습니다. 실패를 딛고 일어설 수 있느냐, 그렇지 못하느냐의 차이만 있을 뿐입니다. 한 인간이 걷기 위해서는 수백 번, 수천 번 넘어져 봐야 한다고 합니다. 우리는 모두 그 과정에서 굳건히 일어나 걷게 되었습니다. 이 점을 꼭 기억하세요.

❋ VOCA

glory 영광　**fall** 넘어지다　**rise** 일어나다　**every time** ~할 때마다

❋ Paraphrase

Our greatest honor is not in never falling, but in getting up every time we do.

우리의 가장 큰 영광은 절대 넘어지지 않는 것이 아니라, 넘어질 때마다 다시 일어서는 것이다.

Our greatest glory is not in never falling
but in rising every time we fall.

우리의 가장 큰 기쁨은 절대 쓰러지지 않는 것이 아니라 쓰러졌을 때 마다 다시 일어나는 것에 있다.

❋ Key point

1. Be 동사는 두 가지 뜻이 있다.

'~이다'와 '~가 있다'라는 뜻 두 가지가 있음을 잊지 말자. 위 문장에서는 '~가 있다'라는 뜻이다.

2. not A but B   A가 아니라 B다.

문장 앞쪽에서 not이 보인다면 뒤에 but이 있는지를 반드시 잘 살펴야 한다.

❋ 영어명언 필사

❋ Dialogue

A: I failed again! I am so pathetic.
B: Our greatest glory is not in never falling but in rising every time we fall. Cheer up.

A: 또 실패했어. 정말 비참해.
B: 우리의 가장 큰 기쁨은 절대 쓰러지지 않는 것이 아니라 쓰러졌을 때 마다 다시 일어나는 것에 있어. 힘내!

pathetic 비참한, 불쌍한

040

*Our greatest weakness lies in giving up.
The most certain way to succeed is always to try just
one more time.*

Thomas A. Edison

Jeff's Message

에디슨의 성공적인 발명품 뒤에는 훨씬 더 많은 실패의 발명품들이 숨겨져 있습니다. 성공한 사람들의 공통점은 결코 포기를 쉽게 하지 않았다는 점입니다. **인생은 포기만 하지 않으면 자신이 원하는 것을 이룰 수 있다고 믿습니다.**

 VOCA

weakness 약점   **lie in** ~에 있다   **give up** 포기하다   **certain** 확실한

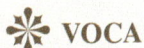 Paraphrase

Our greatest weakness is in giving up. The surest path to success is to try one more time.

가장 큰 약점은 포기하는 것에 있다. 성공에 이르는 가장 확실한 길은 한 번 더 시도하는 것이다.

Our greatest weakness lies in giving up.
The most certain way to succeed is always to try just one more time.

우리의 최대 약점은 포기하는 것이다. 가장 확실하게 성공할 수 있는 방법은 항상 한번 더 시도하는 것이다.

❋ Key point

1. **전치사 + ~ing** : 전치사 다음에 동명사가 보일 경우 동명사는 '~하는 것'이라는 해석을 떠올려야 한다.

2. **명사 + to + V** : 명사 다음에 'to+동사원형'이 보이면 to는 '~하는'이라는 해석을 떠올리자.

3. **be동사 + to + V** : be동사 다음에 'to+동사원형'이 보이면 to는 '~하는 것'이라는 해석을 우선 떠올리자.

❋ 영어명언 필사

❋ Dialogue

A: I always wanted to give up. But now I realized that it was stupid thoughts.
B: You are right. **Our greatest weakness lies in giving up. The most certain way to succeed is always to try just one more time.**

A: 난 항상 포기하고 싶었어. 근데 지금은 그것이 얼마나 멍청한 생각이었는지 깨달았어.
B: 맞는 말이야. **우리의 최대약점은 포기하는 것이야. 가장 확실하게 성공할 수 있는 방법은 항상 한번 더 시도하는 것이야.**

영어명언 41강
Audio 듣기

041

A goal without a plan is just a wish.

Antoine de Saint-Exupery

❋ Jeff's Message

성공하는 사람들의 첫 번째 원칙은 **명확한 목표 의식과 그에 따른 계획을 세우는 것입니다.** 성공은 단순한 능력에서 비롯되는 것이 아니라, 뚜렷하고 잘 세워진 목표에서 비롯됩니다. 목표와 함께, 그 목표를 언제까지 이루겠다는 명확한 기한이 존재합니다. 이 점이 모든 성공한 사람들의 공통점입니다.

❋ VOCA

goal 목표   plan 계획   wish 소망

❋ Paraphrase

A goal that lacks a plan is simply a wish.
계획이 없는 목표는 단순한 소망에 불과하다.

A goal (without a plan) is just a wish.

계획이 없는 목표는 그저 소망일 뿐이다.

🌸 Key point

1. 동사를 찾아라!

문장 구조가 잘 보이지 않는다면 일단 **동사를 먼저 찾고 그 동사 앞은 주어로 간주하고 해석**하자. 위 문장에서는 be동사인 is가 명확히 보인다.

2. 명사 + (전치사 + 명사)

명사 전치사 명사 어순으로 단어배열이 느껴진다면 뒤의 '전치사+명사' 구조가 앞의 명사를 수식하는 구조다.

🌸 영어명언 필사

___

🌸 Dialogue

A: I think I want to be a doctor.
B: Do you have a nice plan? I think that **a goal without a plan is just a wish.**

A: 난 의사가 되고 싶은 거 같아.
B: 잘 짜인 계획이라도 있어? 난 계획 없는 목표는 그저 소망일 뿐이라고 생각해.

042

Fortune favors the prepared mind.

Louis Pasteur

Jeff's Message

'행운'은 아무에게나 오는 법이 없습니다. **행운은 항상 준비된 사람에게만 찾아옵니다.** 미래에 언젠가 큰 행운이 한번쯤은 누구에게나 찾아온다고 믿습니다. 그 행운을 그냥 지나칠 것인지, 아니면 꽉 붙잡아 내 것으로 만들 것인지는 현재 내가 어떻게 준비하고 있는지에 달려 있습니다.

VOCA

fortune 행운   **favor** 선호하다   **mind** 정신

Paraphrase

Fortune favors those who are well-prepared.
행운은 잘 준비된 사람을 선호한다.

Fortune favors the prepared mind.

행운은 준비된 사람에게만 온다.

❋ Key point

1. p.p.(과거분사) + 명사
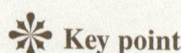

명사 앞과 뒤에 과거분사가 보인다면 그 과거분사는 명사를 수식한다. 과거분사는 '~된/~되어진' 이라는 해석을 붙인다.

2. favor

특정 단어의 품사를 잘 파악하는 능력이 필요하다. favor이라는 단어는 명사로는 '**호의, 친절**'의 의미이지만, 동사로는 '**선호하다, 찬성하다**'의 의미가 있다. 위 문장에서는 동사로 쓰인 favor이다.

❋ 영어명언 필사

_____
_____
_____

❋ Dialogue

A: I can get A by luck.
B: Don't even think about it. **Fortune favors the prepared mind.**

A: 나는 운으로 A받을 수 있어.
B: 그런 생각은 하지도 마. **행운은 준비된 사람에게만 와.**

by luck 운으로

043

The road to success is always under construction.

Arnold Palmer

❋ Jeff's Message

어려움 없이 이루어지는 성공은 존재하지 않습니다. 성공으로 가는 길은 항상 멀고 험난하며, 이 과정에서 수많은 도전과 난관이 기다리고 있습니다. 성공을 이루기 위해서는 지속적인 노력과 인내, 그리고 끈기가 필요합니다. **성공으로 가는 그 험난한 과정에서 우리는 성장하고 강해집니다.** 그런 과정을 겪는 것 또한 성공의 한 단편이며, 그런 성장의 과정을 통해 우리를 더 나은 사람으로 만들어줄 것입니다.

❋ VOCA

under construction 공사중인

❋ Paraphrase

The path to success is always being built.
성공으로 가는 길은 항상 지어지고 있다.

The road 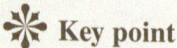(to success) is always under construction.

성공으로 가는 길은 항상 공사 중이다.

✳ Key point

1. 명사 + (to +명사)

뒤의 '전치사+명사' 덩어리가 앞의 명사를 수식한다.

✳ 영어명언 필사

✳ Dialogue

A: Sometime I really want to give up.
B: Always remember that **the road to success is always under construction.** You have to get through the hard process.

A: 어떤 때에는 정말 포기하고 싶어.
B: 항상 **성공으로 가는 길이 항상 공사중이라는 것**을 기억해. 힘든 과정을 반드시 이겨내야 해.

hard 힘든   process 과정

044

The future depends on what we do in the present.

Mahatma Gandhi

❋ Jeff's Message

미래의 자신을 미리 엿볼 수 있는 좋은 방법이 있습니다. **그것은 현재의 나를 객관적으로 바라보고, 어제의 나와 오늘의 나 사이에 변화가 있는지를 확인하는 것입니다.** 이를 통해 우리는 자신의 인생을 예측하고, 미래의 모습을 예견할 수 있습니다. 이러한 자기 인식과 평가가 미래를 설계하는 데 중요한 역할을 할 것입니다.

❋ VOCA

depend on[upon] ~에 달려 있다   **present** 현재, 선물

❋ Paraphrase

The future is shaped by what we do today.
미래는 우리가 현재에 하는 행동에 따라 만들어진다.

The future depends on ⟨what⟩ we do / in the present.

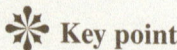

미래는 현재 우리가 하고 있는 것에 달려 있다.
(미래는 현재 우리가 무엇을 하고 있는가에 달려 있다.)

❋ Key point

1. ⟨what⟩ + 허전한 문장
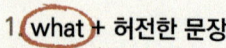

what뒤가 뭔가 빠진 듯한 허전한 느낌이 들면 what은 반드시 '~하는 것'이라는 해석을 떠올린다. (물론 간접의문문인 '의문사+주어+동사' 어순으로 이해하여 '무엇' 이라는 의미를 담아 해석해도 무방하다.)

❋ 영어명언 필사

❋ Dialogue

A: I have exam tomorrow but I don't want to study. I want to play basketball now.
B: The future depends on what we do in the present. I don't think that you want to be a basketball player.

A: 내일 시험이 있는데 공부하기 싫어. 난 지금 농구를 하고 싶어.
B: 미래는 현재 우리가 무엇을 하고 있는가에 달려있어. 농구선수가 되고 싶지는 않을 텐데.

exam 시험

영어명언 45강
Audio 듣기

045

There is no great genius without some touch of madness.

Lucius Annaeus Seneca

Jeff's Message

성공한 사람들은 자신이 하는 일에 무서울 정도의 집중력과 독기를 품고 임합니다. 그들의 강인한 집념은 실패를 두렵지 않게 하며, 끊임없이 앞으로 전진하게 만듭니다. 자신이 진정으로 좋아하는 일을 찾았다면, 그 일에 무서울 정도의 광기로 매진해 보세요. 그렇게 하면 반드시 성공할 수밖에 없습니다. 성공은 강한 의지와 집념에서 비롯된다는 것을 명심합시다.

VOCA

genius 천재　　**touch** 만지기, 건드리기, 손길, 조금, 소량　　**madness** 광기

Paraphrase

No great genius exists without a hint of madness.
위대한 천재는 약간의 광기 없이는 존재할 수 없다.

There is no great genius without some touch of madness.

약간의 광기를 띠지 않은 위대한 천재란 없다.

❋ Key point

1. There is (are) + 주어

There is a book on the table.

There are books on the table.

There로 문장이 시작하면 주어는 be동사 뒤에 나온다. 이때의 be동사는 **'~가 있다'** 라는 뜻이다.

2. 명사 + 전치사 + 명사

전치사를 만나면 항상 살짝 끊어가는 습관을 들이자. 그리고 '전치사+명사' 덩어리가 앞의 명사를 수식함을 기억하자.

❋ 영어명언 필사

❋ Dialogue

A: Sometimes you act like a mad man.
B: **There is no great genius without some touch of madness.** I think we can do something great only with madness.

A: 가끔 보면 넌 정말 미친 사람처럼 행동해.
B: **약간의 광기를 띠지 않은 위대한 천재란 없지.** 광기가 있어야 대단한 걸 해낼 수 있다고 생각해.

046

Today is the first day of the rest of your life.

Anonymous

❋ Jeff's Message

어떤 일을 시작하기에 가장 좋은 때는 바로 오늘, 지금 이 순간입니다. 어떤 일을 하기에 늦은 때란 없습니다. **늦었다고 생각하는 바로 그 순간이 오히려 가장 빨리 시작할 수 있는 기회의 순간입니다.** 이루고 싶은 일이 있다면, 그 일을 위한 작은 일부터 지금 당장 시작해 보세요. 모든 큰 성취는 소소한 일부터 시작된다는 것을 잊지 마세요.

❋ VOCA

the rest 나머지

❋ Paraphrase

Today is the first step into the rest of your life.
오늘은 남은 인생의 첫걸음이다.

Today is the first day of the rest of your life.

오늘은 남은 당신 인생의 첫날이다!

✺ Key point

1. 명사 + (of + 명사)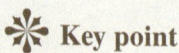

   전치사 of는 아주 다양한 의미로 쓰일 수 있다. 가장 기본적 해석법은 '~의' 라는 해석이다.

2. rest는 앞에 the가 있을 때와 없을 때 큰 의미차이를 만든다.

   rest : 휴식   the rest : 나머지

   rest에 the가 붙으면 보통 '나머지' 라는 의미가 됨을 꼭! 기억하자.

✺ 영어명언 필사

✺ Dialogue

A: I think that I am too late to study English.
B: Never give up! **Today is the first day of the rest of your life.**

A: 내 생각에는 영어를 공부하기에는 너무 늦은 것 같아.
B: 절대로 포기하지 말아! **오늘은 남은 너의 인생의 첫 날이야.**

give up 포기하다

047

What we dwell on is who we become.

Ophra Winfrey

Jeff's Message

사람은 현재 자신이 가장 많이 고민하고 신경 쓰는 일을 미래에 잘 해낼 수 있다고 합니다. **미래의 내 모습이 궁금하다면, 현재 내가 가장 많이 생각하고 집중하고 있는 것들을 들여다보세요.** 그러면 미래의 나의 모습이 자연스럽게 그려질 것입니다. 현재의 고민과 관심사가 결국 미래의 성공과 성장을 결정짓는 중요한 요소가 될 수 있습니다.

VOCA

dwell on ~에 대해 깊이 생각하다

Paraphrase

What we focus on shapes who we become.
우리가 집중하는 것이 우리의 모습이 된다.

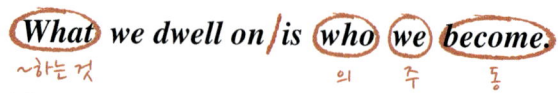

우리가 무슨 생각을 하느냐가 우리가 어떤 사람이 되는지를 결정한다.

✽ Key point

1. 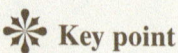 + 허전한 문장

what뒤 문장이 허전한 느낌 든다면 what은 '~하는 것' 이라는 해석을 떠올린다.

2. 간접의문문의 이해!

문장 중간에 '의문사+주어+동사' 어순이 보인다면 의문문이 문장 속에 쏘~옥! 들어가 있는 것임을 파악한다.

✽ 영어명언 필사

✽ Dialogue

A: I am very worried of my future. I can't even guess what I can be.
B: What is in your head? **Because what we dwell on is who we become.**

A: 내 미래에 대해 정말 걱정이야. 내가 무엇이 될 수 있는지 짐작도 못하겠어.
B: 지금 네 머리 속 생각이 뭐니? 왜냐하면 **우리가 무슨 생각을 하느냐가 우리가 어떤 사람이 되는지를 결정하거든.**

048

The past is the worst predictor of the future.

Anonymous

❋ Jeff's Message

사람들은 어떤 일을 시도할 때, 종종 과거의 사례를 중요시합니다. 심지어 자신의 과거가 아니라 남의 과거를 들여다보며, 누군가가 해봤고 실패했으니 나도 실패할 것이라는 생각을 하곤 합니다. 이는 세상에서 가장 위험하고 불행한 생각일 수 있습니다. 과거의 사례는 단지 참고자료일 뿐, 미래의 가능성을 결정짓는 것은 아닙니다. 앞으로 벌어질 일은 아무도 예측할 수 없습니다. **과거에 얽매이지 말고, 현재와 미래에 집중하는 삶이 중요하리란 생각입니다.**

❋ VOCA

past 과거   **worst** 제일 나쁜   **predictor** 예언자

❋ Paraphrase

The past is the poorest guide to predicting the future.
과거는 미래를 예측하는 가장 나쁜 길잡이이다.

The past is the worst predictor 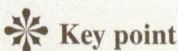 of the future.

과거는 미래에 대한 최악의 예언자이다.

❄ Key point

1. bad – worse – worst

   worst는 bad의 최상급 표현임을 알자.

2. 명사 + (of + 명사)

   전치사 of는 아주 다양한 의미로 쓰일 수 있다. 가장 기본적 해석법은 '~의' 라는 해석으로 'of+명사' 덩어리가 앞의 명사를 수식한다.

❄ 영어명언 필사

❄ Dialogue

A: I'm worried that I might fail tomorrow's test just like before.
B: The past is the worst predictor of the future. Forget about the past.

A: 전에도 그랬듯이 내일 시험에 떨어질까 걱정이야.
B: **과거는 미래에 대한 최악의 예언자야.** 과거는 잊어버려.

fail 실패하다, 떨어지다

049

Failure is a detour, not a dead-end street.

Zig Ziglar

✻ Jeff's Message

실패를 단순히 실패로 끝내는 사람도 있지만, 실패를 발판 삼아 더 큰 성공을 이루는 사람도 있습니다. 실패를 막다른 길로 보느냐, 아니면 실패를 약간 돌아가는 더욱 확실한 길로 보느냐에 따라 훗날 큰 차이가 발생합니다. 세상은 낙관적인 사람들에게 성공의 기회를 더 많이 제공합니다. **실패를 긍정적으로 받아들이고, 그 경험을 성장의 기회로 삼는다면, 성공은 자연스럽게 따라올 것입니다.**

✻ VOCA

detour 돌아가는 길, 우회로   **dead-end street** 막다른 길

✻ Paraphrase

Failure is a temporary setback, not a permanent roadblock.
실패는 일시적인 좌절이지, 영구적인 장애물이 아니다.

Failure is a detour, not a dead-end street.

실패는 우회로일 뿐, 막다른 길이 아니다.

✹ Key point

1. B , not A = not A but B   A가 아니라 B다

   He is a boy, not a girl. = He is not a girl but a boy.

✹ 영어명언 필사

✹ Dialogue

A: I failed on my exam. I am pathetic man.
B: Don't be too discouraged. **Failure is a detour, not a dead-end street.** You will find another way.

A: 시험에 낙제했어. 난 불쌍한 인간이야.
B: 너무 좌절하지 마. **실패는 우회로일 뿐, 막다른 길이 아니거든.** 다른 길을 찾을 거야.

pathetic 불쌍한   discourage 좌절시키다

050

The harder you fall, the higher you bounce.

Anonymous

❋ Jeff's Message

시련은 사람을 더욱 강인하게 만드는 기회를 제공합니다. 큰 시련을 극복하면, 그 경험을 통해 훨씬 더 큰 성공을 이룰 수 있는 가능성을 갖게 됩니다. 시련을 딛고 당당히 일어서면, 그 다음에는 멋진 성공이 기다리고 있을 것입니다. **어려움 속에서 성장하며, 자신을 더욱 강하게 만드는 기회를 놓치지 마세요.**

❋ VOCA

fall 떨어지다   **bounce** 튀어오르다

❋ Paraphrase

The more you fall, the higher you rise.
더 많이 넘어질수록 더 높이 일어선다.

The harder you fall, the higher you bounce.

더 세게 떨어질수록 더 높이 튀어 오른다.

✳ Key point

1. the + 비교급 … , the + 비교급　　~하면 할수록 더 ~ 하다

The more, the better. (많으면 많을수록 좋다.)
The more I see you, the more I like you. (너를 더 보면 볼수록 더 좋아.)

비교급 앞에 the가 있을 경우 'the+비교급' 두 개가 문장 안에서 쌍으로 보여야 하며 **'~하면 할수록 더 ~하다'** 라는 해석을 떠올리자.

✳ 영어명언 필사

_____
_____
_____
_____

✳ Dialogue

A: I heard you had a hard time in managing your hotel. How did you recover from that?
B: I had a belief that '**the harder you fall, the higher you bounce.**' Look at me. Now I am a famous CEO.

A: 난 네가 호텔을 경영하느라 힘들었다고 들었어. 그 시기를 어떻게 극복했어?
B: 더 세게 떨어질수록 더 높이 튀어 오른다는 신념이 있었거든. 날 봐. 지금은 유명한 CEO잖아.

manage 경영하다, 관리하다　　**belief** 신념　　**CEO** 최고경영자(Chief Executive Officer)

Part.
03

*In order to succeed,
we must first believe that we can.*

어떤 일이나 가장 중요한 출발은 스스로에 대한 믿음!
'하면된다!' 라는 말을 늘 외치자! 반드시 된다!

051

Success is never permanent, and failure is never final.

Mike Ditka

Jeff's Message

세상에서 변하지 않는 유일한 진리는 '세상 모든 것은 변한다'는 사실입니다. 세상 그 어떤 것도 영원하지 않습니다. 성공도 영원하지 않고, 실패도 영원하지 않습니다. 모든 것은 끊임없이 변화합니다. **당장 실패로 남아 있더라도, 다시 한번 도전하고 노력하면 성공으로 나아갈 수 있다고 생각합니다.**

VOCA

permanent 영원한   **final** 마지막인

Paraphrase

Success is never lasting, and failure is never the end.
성공은 결코 영원하지 않으며, 실패는 결코 끝이 아니다.

Success is never permanent, / and failure is never final.

성공은 절대로 영원하지 않고 실패는 절대로 끝이 아니다.

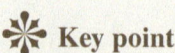 Key point

1. **/ , 접속사**

   콤마 다음에 접속사가 보이면 꼭! 확실히 끊어 읽어야 한다. 긴 한문장을 짧은 두 문장으로 느끼는 감각이 필요하다.

영어명언 필사

Dialogue

A: I got both good news and bad news at the same time. What should I do?
B: I don't know. But remember the saying, **'Success is never permanent, and failure is never final.'**

A: 좋은 소식이랑 안 좋은 소식 둘 다 있어. 어떻게 해야 되지?
B: 나도 모르지. 그런데 **성공은 절대로 영원하지 않고 실패는 절대로 끝이 아니란** 말을 꼭 기억해.

saying 격언, 속담, 명언

052

An optimist laughs to forget.
A pessimist forgets to laugh.

Anonymous

Jeff's Message

웃음은 인간이 믿기 힘든 기적을 만들어내는 강력한 도구입니다. 성공적인 사람들의 표정을 살펴보면 공통점이 하나 있습니다. 그들은 항상 얼굴에 웃음을 띠고 있습니다. 웃음은 긍정적인 에너지를 발산하고, 주변 사람들과의 관계를 개선하며, 스트레스를 줄이는 데 도움을 줍니다. 웃음이 주는 긍정적인 면은 우리의 생각보다 훨씬 강력합니다.

VOCA

optimist 낙관주의자   **pessimist** 염세주의자

Paraphrase

An optimist laughs to move on. A pessimist forgets to find joy.
낙관주의자는 앞으로 나아가기 위해 웃고, 비관주의자는 기쁨을 찾는 것을 잊는다.

An optimist laughs to forget. A pessimist forgets to laugh.

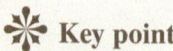

낙천주의자는 웃으면서 잊고 비관주의자는 웃는 것을 잃어버린다.

🌸 Key point

1. laugh 동사는 '~를'이라는 목적어를 필요로 하지 않는 동사다. 고로 laugh 동사의 뒤의 'to+동사원형'은 **'~하기 위해서'** 라는 해석을 해야 한다.

2. V + to + V

보통 '동사+to+동사'의 어순일 때 to는 기본적으로 '~하기를(~하는 것을)'이라는 의미로 해석 된다.

A pessimist forgets to laugh.
~하는 것을

🌸 영어명언 필사

🌸 Dialogue

A: Can you distinguish difference between an optimist and a pessimist?
B: Well. It is simple. **An optimist laughs to forget. A pessimist forgets to laugh.**

A: 낙천주의자랑 염세주의자를 구분할 수 있어?
B: 간단하지. **낙천주의자는 웃으면서 잊고 염세주의자는 웃는 것을 잃어버려.**

distinguish 구별하다   difference 차이점   simple 단순한

053

Never complain. Never explain.

Katharine Hepburn

✤ Jeff's Message

포기하는 사람은 자주 포기하고, 약속 시간에 늦는 사람은 항상 늦습니다. 불평하는 사람은 끊임없이 불평하게 됩니다. 인간의 행동은 대부분 습관화된 행동의 표현일지도 모릅니다. 불평하고 싶더라도 참아야 합니다. 불평할 시간에 다른 노력을 기울이세요. 상황을 스스로 바꾸려는 노력이 필요합니다. 상황만 탓한다고 해서 변하는 것은 아무것도 없습니다.

✤ VOCA

complain 불평하다   **explain** 설명하다, 변명하다

✤ Paraphrase

Never complain, and never feel the need to explain.
불평하지 말고, 설명할 필요성도 느끼지 마라.

Never complain. Never explain.

절대로 불평하지도 변명하지도 말라.

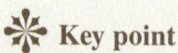 **Key point**

1. 동사원형으로 시작하는 문장은? -> 명령문 (~해라)

2. Don't+동사원형/ Never+동사원형 -> 부정 명령문 (~하지 말아라)

명령문 앞에 Don't 혹은 Never을 붙이면 부정의 명령문이 된다.

 영어명언 필사

 **Dialogue**

A: We have lost because of him.
B: Never complain. Never explain. It is the past you are talking about now.

A: 그 때문에 우리가 졌어.
B: 절대로 불평하지도 변명하지도 말아. 네가 지금 얘기하는 건 이미 과거의 일이야.

lose 지다　　because of ~때문에　　past 과거

054

Everything in your world is created by what you think.

Ophra Winfrey

Jeff's Message

현재 자신의 삶에서 가장 많이 하게 되는 생각이 미래의 나의 모습을 형성합니다. 미래에 원하는 삶의 모습을 항상 염두에 두고 의식하셔야 합니다. 시간이 허락할 때마다 항상 미래의 내가 원하는 모습을 그려 보시기 바랍니다. 그러한 미래의 모습에 대한 간절한 염원이 행동으로 이어지게 하며, 그 결과 점점 그 미래에 가까워지게 만들어줍니다.

VOCA

create 창조하다

Paraphrase

Everything in your world is shaped by your thoughts.
당신의 세계에 있는 모든 것은 당신의 생각에 의해 형성된다.

Everything in your world is created / by what you think.

세상 모든 일은 네가 생각하는 것에 의해 만들어진다.
(세상 모든 일은 여러분이 무엇을 생각하느냐에 따라 일어난다.)

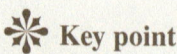 **Key point**

1. what + 허전한 문장

   what 다음이 허전하면 what은 '~하는 것'이라는 해석을 해야 한다.

2. 문장 구조가 한눈에 들어오지 않는다면 일단은 '동사'를 찾아라!

   위 문장의 동사는 'is created'로써 수동태의 해석(~되다)을 떠올려야 한다.

 영어명언 필사

Dialogue

A: I am not sure that I can get a job.
B: Everything in your world is created by what you think. Believe you can.

A: 직업을 구할 수 있을지 확실하지 않아.
B: 세상 모든 일은 네가 무엇을 생각하느냐에 따라 일어나. 할 수 있다고 믿어.

get a job 직장을 구하다

055

Everything you can imagine is real.

Pablo Picasso

✦ Jeff's Message

자신의 성공한 모습을 항상 머릿속에 그려 두셔야 합니다. 무의식 속에서도 그려진 모습대로 인생이 점차 형성되어 가게 됩니다. 무의식은 나의 행동을 내가 원하는 방향으로 이끌기 때문입니다. 마음이 행동을 이끌고, 그 행동이 현실을 만들어냅니다. 긍정적이고 명확한 미래에 대한 비전은 성공을 이루는 중요한 첫걸음이 됩니다.

✦ VOCA

imagine 상상하다   **real** 현실인

✦ Paraphrase

Everything you can imagine can become real.
당신이 상상할 수 있는 모든 것은 현실이 될 수 있다.

Everything 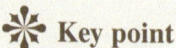 you can imagine is real.

상상할 수 있는 모든 것은 현실이 될 수 있다.

❋ Key point

1. 명사 + (that) S + V1 ··· / V2

명사 다음에 '주어+동사1 ~ 동사2' 구조가 보이면 '주어에서 동사1' 덩어리가 앞의 명사를 꾸미는 구조다.

The man  I saw yesterday / was very kind.

(내가 어제 봤던 그 남자는 매우 친절했다.)

❋ 영어명언 필사

❋ Dialogue

A: Everything you can imagine is real.
B: That is Picasso's saying. I think that makes sense.

A: 상상할 수 있는 모든 것은 현실이 될 수 있어.
B: 피카소가 한 말이네. 그거 참 말 되는 것 같아.

saying 격언

056

The problem is not the problem;
the problem is your attitude about the problem.

Johnny Depp

Jeff's Message

어떠한 상황이 나에게 행복을 가져다줄 수 있느냐, 그렇지 못하느냐의 기준은 상황 그 자체가 아닙니다. **행복을 결정짓는 것은 바로 그 상황을 바라보는 나의 태도와 관점입니다.** 상황이 어떠하든, 그것을 어떻게 받아들이고 대처하느냐가 행복을 좌우합니다. 태도와 관점을 통해 상황을 긍정적으로 해석하고 받아들이는 것이 진정한 행복을 만들어가는 길임을 잊지 마십시오.

 VOCA

attitude 태도

 Paraphrase

The issue isn't the problem itself; the issue is your attitude toward the problem.

문제는 문제 그 자체가 아니라, 문제에 대한 당신의 태도이다.

The problem is not the problem;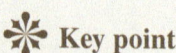
the problem is your attitude about the problem.

문제 자체가 문제가 아니라 진짜 문제는 문제에 대한 너의 태도이다.

❊ Key point

1. 세미콜론(;)은 문장을 읽을 때 확실히 끊어가라는 의미이다. 세미콜론에서 확실히 문장을 끊어 읽어야 한다.

❊ 영어명언 필사

❊ Dialogue

A: The point is to understand what the problem is.
B: Yes, it is important to know the problem, but there is something more important. **The problem is not the problem; the problem is your attitude about the problem.**

A: 요점은 문제를 이해하는 거야.
B: 맞아. 문제를 아는 것이 중요해. 하지만, 더 중요한게 있어. **문제 자체가 문제가 아니라 진짜 문제는 문제에 대한 너의 태도야.**

point 요점, 핵심

057

Opportunity is missed by most people because it is dressed in overalls and looks like work.

Thomas A. Edison

Jeff's Message

기회는 항상 화려한 모습으로 찾아오지 않습니다. 때로는 아주 허름한 작은 일에서 시작되는 경우가 많습니다. 자신에게 주어진 작은 일이나 기회에 최선을 다하는 것이 훗날 더 큰 기회나 능력을 만들어주는 경우가 많습니다. 삶의 모든 순간에 최선을 다하고, 맡은 바 일에 성실히 임하세요. 기회는 누구에게나 반드시 찾아오는 법이며, 작은 노력이 큰 변화를 이끌어낼 수 있습니다.

 VOCA

opportunity 기회 **miss** 놓치다 **overall** 통짜 작업복

 Paraphrase

Most people miss opportunities because they are dressed in overalls and look like hard work.

기회는 대부분의 사람들이 놓치는데, 그 이유는 기회가 작업복을 입고 힘들어 보이기 때문이다.

Opportunity is missed by most people because it is dressed in overalls and looks like work.

사람들이 대개 기회를 놓치는 이유는 기회가 작업복 차림의 일꾼 같아 보이고, 일로 보이기 때문이다.

❋ Key point

1. **접속사 앞에서 끊기!**

   접속사를 보았다면 긴 문장은 짧은 두 문장으로 보이게 마련이다. 접속사를 찾아 반드시 그 앞에서 과감히 끊어 읽자. 위 문장에서는 because 앞에서 과감히 끊어야 한다.

2. **A and B**

   and는 단어와 단어, 단어덩어리와 단어덩어리, 문장과 문장을 연결해주는 역할을 한다.

❋ 영어명언 필사

❋ Dialogue

A: I got small projects to do. But I am not sure I could do this well. I wish someone could do this for me.

B: **Opportunity is missed by most people because it is dressed in overalls and looks like work.** Do your best, even if it's a small thing

A: 작은 프로젝트를 여러 개 해야 되는데 내가 잘 할 수 있을지 걱정이야. 누군가 대신 해줬으면 좋겠다는 생각도 들고.

B: 사람들이 대개 기회를 놓치는 이유는 기회가 작업복 차림의 일꾼 같고 일로 보이기 때문이래. 작은 일이더라도 최선을 다해봐

even if 비록 ~일지라도

058

I am not discouraged, because every wrong attempt discarded is another step forward.

Thomas Alva Edison

❋ Jeff's Message

실패는 쓰고, 실패는 괴롭습니다. 그래서 많은 사람들이 실패를 겪고 싶어하지 않습니다. 하지만 우리는 모두 알고 있습니다. **실패를 겪어보지 않은 성공한 사람은 없다는 사실을… 성공을 위해서는 반드시 실패라는 다리를 건너야 한다는 것을…** 실패는 두려울 수 있습니다. 그 두려움을 당당히 직면하고, 그 두려움에 굴복하지 않는 용기를 가진 우리가 되었으면 좋겠습니다.

❋ VOCA

discourage 낙담시키다, 실망시키다   **discard** 폐기하다, 버리다

❋ Paraphrase

I am not disheartened because every failed attempt is just another step forward.

나는 낙담하지 않는다. 왜냐하면 실패한 시도 하나하나가 또 다른 진전이 되기 때문이다.

I am not discouraged, because every wrong attempt discarded is another step forward.

나는 낙담하지 않는다. 왜냐하면 모든 버려졌던 잘못된 시도들은 또 다른 전진의 발걸음이기 때문이다.

❋ Key point

1. 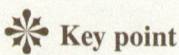 접속사

   접속사 앞 콤마에서 과감히 끊어야 한다!

2.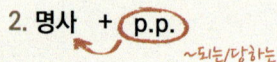

   명사 뒤 p.p.(과거분사)는 앞의 명사를 수식한다.

❋ 영어명언 필사

❋ Dialogue

A: I am not making any progress.
B: When you are discouraged, always remember Edison's word. **"I am not discouraged, because every wrong attempt discarded is another step forward."**

A: 전혀 일이 진행되지 않아
B: 좌절될 때에는 에디슨이 말한 걸 떠올려 봐. **"나는 실망하지 않는다. 왜냐하면 버려졌던 실패한 시도들은 새로운 발견을 위한 단계이기 때문이다."**

make progress 진행하다, 전진하다

059

*Success is not built on success. It's built on failure.
It's built on frustration.
Sometimes it's built on catastrophe.*

Sumner Redstone

Jeff's Message

성공을 원한다면 실패를 두려워해서는 안 됩니다. 대부분의 성공은 실패를 딛고 일어서는 과정에서 이루어지기 때문입니다. 실패는 성공을 향한 중요한 발판이자 필수적인 과정입니다. 실패를 두려워하지 않고, 그 경험에서 배우며 계속해서 도전하는 것이야말로 진정한 성공에 이르는 길입니다.

VOCA

frustration 좌절　　**catastrophe** 재앙

Paraphrase

Success isn't built on success alone; it's built on failure, frustration, and sometimes even catastrophe.

성공은 단순히 성공 위에 세워지는 것이 아니다. 실패와 좌절, 때로는 재난 위에 세워진다.

Success is not built/on success. It's built/on failure.
It's built/on frustration. Sometimes it's built/on catastrophe.

성공은 성공 위에서 만들어지는 것이 아니다.
성공은 실패와 좌절에서 태어나며, 가끔은 끔찍한 재앙이 성공을 낳기도 한다.

❋ Key point

1. 동사의 모양이 'be + p.p.'로 되어 있다면 **'~되다/지다'** 라는 의미의 수동태 표현임을 꼭 기억하자.

   위 문장에서는 be built(지어진다. 만들어진다) 수동태 표현이 반복적으로 사용되었다.

❋ 영어명언 필사

❋ Dialogue

A: I have no experience of success, which is the biggest reason for my failure.
B: You're wrong. **Success is not built on success. It's built on failure. It's built on frustration. Sometimes it's built on catastrophe.**

A: 난 성공에 대한 경험이 없어, 그게 내 실패의 가장 큰 원인이지.
B: 아냐, 틀렸어. 성공이 또 다른 성공을 부르지는 않아. 성공은 실패와 좌절에서 태어나며, 가끔은 끔찍한 재앙이 성공을 낳기도 해.

experience 경험   reason 이유

영어명언 60강
Audio 듣기

060

The successful man will profit from his mistakes and try again in a different way.

Dale Carnegie

✳ Jeff's Message

성공으로 가는 길은 멀고도 험합니다. 그러나 그 길의 끝에는 내가 원하는 삶이 기다리고 있습니다. 이 사실을 누구나 알고 있지만, 대부분의 사람들은 중간에 멈춰 서 버리곤 합니다. **실수를 두려워하지 않는 마음, 그리고 그 실수를 통해 한 단계 발전하려는 마음가짐이 중요합니다.** 성공을 위해서는 끝까지 포기하지 않고 도전하는 용기와 끈기, 그리고 지속적인 노력이 필요할 것입니다.

✳ VOCA

successful 성공적인 **profit from** ~에서 이득을 취하다 **mistake** 실수

✳ Paraphrase

A successful person learns from their mistakes and tries again with a different approach.

성공하는 사람은 자신의 실수에서 배우고 다른 방법으로 다시 시도한다.

The successful man will profit from his mistakes and try again in a different way.

성공하는 사람은 실수로부터 배우고 다른 방법으로 재도전한다.

Key point

1. A and B

영어는 두개의 단어를 대등하게 연결하고 싶은 때 'A and B'의 구조를 쓴다. 이 때 A와 B는 반드시 문법적으로 같은 모양이여야 한다. 위 문장에서는 profit과 try가 and를 사용하여 대등하게 연결되었다.

영어명언 필사

Dialogue

A: I hate the time when I make mistakes. It's just too embarrassing.
B: **The successful man will profit from his mistakes and try again in a different way.** If you remember this, you won't panic.

A: 실수를 하는 그 순간이 너무 싫어. 너무 창피해.
B: **성공하는 사람은 실수로부터 배우고 다른 방법으로 재도전한대.** 이 말을 꼭 기억하면 당황하는 일이 없을거야.

hate 싫어하다 **embarrassing** 창피한

061

*Sometimes by losing a battle
you find a new way to win the war.*

Donald Trump

❋ Jeff's Message

사람은 시련을 통해 성장합니다. 항상 좋은 일만 가득했던 사람은 한 번의 슬픈 일을 감당해내기가 힘듭니다. 항상 성공적이었던 사람은 한 번의 작은 실패를 극복해내지 못하고 쓰러지기 마련입니다. **가끔씩 겪게 되는 작은 시련들은 나를 더욱 강하게 만드는 좋은 장치가 될 수 있습니다.**

❋ VOCA

lose 패배하다   **battle** 전투

❋ Paraphrase

Sometimes losing a battle helps you find a new strategy to win the war.
때때로 전투에서 패배함으로써 전쟁에서 승리할 새로운 전략을 찾게 된다.

Sometimes by losing a battle
you find a new way to win the war.

때때로 패배함으로써 당신은 전쟁에서 이길 새로운 방법을 찾게 된다.

❋ Key point

1. **by ~ ing**   ~함으로써

   by 전치사 다음에 ~ing가 보이면 '~함으로써' 라는 해석을 떠올려야 한다

2. **명사 + to + V**

   명사 다음에 'to+동사원형'이 보이면 'to+동사원형' 덩어리가 앞의 명사를 수식한다.

❋ 영어명언 필사

❋ Dialogue

A: We were defeated by their team. I have nothing to say to my teammates.

B: Sometimes by losing a battle you find a new way to win the war. It's important to try to find something to improve through defeat.

A: 그들의 팀에 우리가 졌어. 팀원들에게 뭐라 할말이 없어.
B: **때때로 패배함으로써 너는 전쟁에서 이길 새로운 방법을 찾게 되는 것이야.** 패배를 통해 개선할 점을 찾아보는 노력이 중요해.

062

People rarely succeed unless
they have fun in what they are doing.

Dale Carnegie

✽ Jeff's Message

어떤 일에 성공한 사람들의 단 하나의 공통점이 있습니다. **그들은 모두 자신이 하는 일을 진정으로 사랑했던 사람들입니다.** 생각해보세요. 어떻게 자신이 하고 있는 일을 싫어하면서 그 일을 잘할 수 있을까요? 혹시 지금 하고 있는 일이 지루하고 점점 하기 싫어지는 일인가요? 그렇다면 진지하게 고민해보세요. 진정 내가 좋아하고 사랑할 수 있는 일이 어떤 것인지에 대해 말입니다. 행복한 인생을 위해 반드시 필요한 중요한 고민입니다. 이 고민을 통해 자신이 진정으로 원하는 일을 찾고, 그 일을 사랑하며 열정을 쏟을 때, 비로소 성공과 행복이 찾아올 것입니다.

✽ VOCA

rarely 좀처럼 ~하지 않는, 드물게

✽ Paraphrase

People rarely succeed unless they enjoy what they are doing.
사람들은 자신이 하는 일을 즐기지 않으면 좀처럼 성공하지 못한다.

People rarely succeed / *unless*
they have fun / *in* *what* *they are doing.*
~하는 것

사람은 그들이 하는 일에 재미가 없다면 거의 성공하지 못한다.

❋ Key point

1. S + V / 접속사 S + V

   문장의 기본 구성은 S+V 이다. '주어+동사' 관계가 문자에서 두 개가 보일 때는 반드시 그 사이 혹은 맨 앞에 접속사 개념이 보인다. 접속사를 문장 중간에서 만나게 될 때 반드시 접속사 앞에서는 과감히 끊어가는 습관을 들여야 한다.
   * unless = 만약 ~ 하지 않다면 (= if ~ not)

2. what + 허전한 문장
   ~하는 것

   what 다음에 나오는 문장이 뭐가 하나 빠진 허전한 느낌이 든다면 반드시 what 은 '~하는 것' 이라는 해석을 떠올려야 한다. (what은 관계대명사 개념)

❋ 영어명언 필사

❋ Dialogue

A: I want to quit my job. This work is really boring.
B: People rarely succeed unless they have fun in what they are doing. You should find another job.

A: 일 그만 두고 싶어. 이 일 진짜 지루하다.
B: 사람은 일에 재미가 없으면 거의 성공하지 못해. 다른 직업 찾아보는 것이 좋을 것 같아.

quit 그만두다   boring 지루한, 지겨운

063

If you look at what you have in life, you'll always have more.

Oprah Winfrey

Jeff's Message

우리는 자주 남들이 가진 것들에 대해 부러워하며, 그것이 자신에게 없는 것처럼 느껴질 때 불행을 겪습니다. 그러나 **인생을 풍요롭게 만드는 길은 나 자신이 이미 소유하고 있는 것들에 대해 우선 감사하는 데 있습니다.** 현재 내가 가진 것들에 대한 진심어린 감사의 마음은 나를 행복하게 하는 시작점이 됩니다.

VOCA

what ~하는 것, 무엇

Paraphrase

If you focus on what you have in life, you'll always find that you have more.

인생에서 가진 것에 집중하면, 항상 더 많은 것을 가지게 됨을 알게 된다.

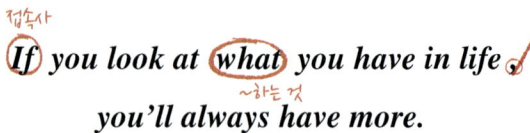

If you look at *what* you have in life,
you'll always have more.

당신이 당신의 인생에서 가진 것을 본다면(가진 것에 감사함을 가지고 산다면),
당신은 더욱 풍요로워질 것이다.

❋ Key point

1. 접속사 ~ , / S + V

   문두에 접속사가 등장할 경우 반드시 뒤에 콤마가 보이게 마련이다. 그 콤마에서 문장을 확실히 끊어 읽어야 한다.

2. what 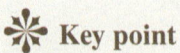 무엇 / ~하는 것

   what 뒤의 문장이 뭔가 하나 빠진듯한 허전한 느낌이 든다면 '~하는 것' 이라는 해석을 떠올려야 한다.

❋ 영어명언 필사

_____
_____
_____
_____

❋ Dialogue

A: Why am I so poor? This is unfair!
B: If you look at what you have in life, you'll always have more. You should always be thankful for what you have.

A: 나는 왜 가난 할까? 너무 불공평해!
B: 네가 너의 인생에서 가진 것에 감사하며 산다면, 넌 더욱 풍요로워질거야. 너는 항상 네가 가진 것에 감사하면서 살아야 해!

unfair 불공평한   **thankful** 감사하는

064

If I have lost confidence in myself,
I have the universe against me.

Ralph Waldo Emerson

Jeff's Message

내가 나를 믿지 않는다면, 세상 그 누구에게 나를 믿어달라고 할 수 있을까요? 어떤 일을 하든, 가장 중요한 출발점은 자기 자신에 대한 신뢰와 자신감에서 시작됩니다. 자신의 능력을 과소평가하지 말고, 스스로의 가능성을 믿으세요. 최선을 다하고 자신감을 가지면, 세상도 자연스럽게 당신을 인정하고 믿게 될 것입니다.

 VOCA

confidence 자신감   **universe** 우주

 Paraphrase

If I lose confidence in myself, it feels like the whole universe is set against me.

만약 내가 내 자신에 대한 자신감을 잃으면, 온 우주가 나를 반대하는 것처럼 느껴진다.

If I have lost confidence in myself ,
I have the universe against me.

만일 스스로에 대해 자신감을 잃으면, 온 세상이 나의 적이 된다.

❋ Key point

1. 접속사   **,** / S + V

문두에 접속사가 보이면 그 뒤에는 반드시 콤마가 보이고, '주어+동사'가 보인다.
콤마에서 확실히 끊어 읽자.

❋ 영어명언 필사

❋ Dialogue

A: Tom, I am not sure if I can do this.
B: Well, Ralph Emerson said "If I have lost confidence in myself, I have the universe against me." Have confidence in yourself.

A: 톰, 내가 이걸 할 수 있을지 모르겠어.
B: 음, 랄프 에머슨은 "**만일 스스로에 대해 자신감을 잃으면, 온 세상이 나의 적이 된다.**" 라고 했지. 스스로에 대한 자신감을 가져.

if ~인지 아닌지, 만약 ~라면

065
In order to succeed, we must first believe that we can.

Michael Korda

❋ Jeff's Message

어떤 일을 성공시키기 위한 첫 출발은 바로 스스로에 대한 확신과 자신감입니다. 성공할 수 있다는 믿음이 생겼다면, 스스로의 능력을 신뢰하고 꾸준히 전진하세요. 그러면 성공은 자연스럽게 손에 잡히게 될 것입니다.

❋ VOCA

in order to + 동사원형   ~하기 위해서

❋ Paraphrase

To succeed, we must first believe in our ability to do so.
성공하기 위해서는 먼저 우리가 할 수 있다고 믿어야 한다.

In order to succeed, / ***we must first believe*** that ***we can.***

성공하기 위해서는 할 수 있다는 확신을 가져야 한다

❋ Key point

1. '~하기 위해서' 라는 표현과 아래와 같이 다양하게 나타낼 수 있다.

- to + 동사원형
- in order to + 동사원형
- so as to + 동사원형

2. V + that ~

동사 다음에 that이 보이면 that은 '~을/를' 이라는 해석이 일반적이다.

❋ 영어명언 필사

❋ Dialogue

A: Do you think I could go into a business well?
B: Don't even doubt before you start. **In order to succeed, we must first believe that we can.**

A: 사업을 시작하는데 잘 할 수 있을까?
B: 시작하기도 전에 의심부터 하지마. **성공하기 위해서는 할 수 있다는 확신을 가져야 하는 거야.**

business 사업   doubt 의심하다

066

Self-trust is the first secret of success.

Ralph Waldo Emerson

❈ Jeff's Message

"할 수 있다"는 스스로에 대한 믿음, 그 믿음이 성공으로 가는 첫 번째 조건입니다. 세상에 존재하는 모든 성공적인 인물들은 자신에 대한 믿음이 남다른 사람들이었습니다. 그들은 자신의 능력과 가능성을 확고히 믿으며, 이 믿음이 그들을 성공으로 이끌었습니다.

❈ VOCA

self-trust 자기 신뢰　　**secret** 비밀, 비결

❈ Paraphrase

Self-trust is the key to success.
자신에 대한 신뢰가 성공의 첫 번째 비결이다.

Self-trust is the first secret (of success.)

자기 신뢰가 성공의 첫번째 비결이다.

❋ Key point

1. 명사 + (전치사 + 명사)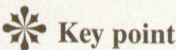

'명사+전치사+명사' 어순이 보일 때 '전치사+명사' 덩어리가 앞의 명사를 수식한다.

❋ 영어명언 필사

❋ Dialogue

A: I am not sure that I could do this.
B: Self-trust is the first secret of success. Trust yourself first.

A: 내가 이걸 잘 할 수 있을지 모르겠어.
B: 자기 신뢰가 성공의 첫번째 비결이야. 먼저 너 자신을 믿어.

trust   신뢰하다

067

Whether you think you can or can't, you're right.

Henry Ford

✻ Jeff's Message

성공한 사람들의 가장 명확한 공통점 중 하나는 그들이 모두 '나는 할 수 있다'는 확고한 자기 긍정의 마인드를 가지고 있다는 것입니다. 모든 것은 마음에서 비롯됩니다. 자신에 대한 강한 믿음과 긍정적인 마인드를 가지고 임하면, 어떤 일이든 해낼 수 있는 확률이 크게 높아질 것입니다. **성공은 자신을 믿는 것에서 시작되며, 긍정적인 마음가짐이 이를 현실로 만들어 줍니다.**

✻ VOCA

whether ~인지 아닌지

✻ Paraphrase

Whether you believe you can or can't, you're correct.
당신이 할 수 있다고 생각하든 못한다고 생각하든, 당신이 맞다.

Whether you think you can or can't, / you're right.

할 수 있다고 생각하든 할 수 없다고 생각하든, 두 생각 모두 옳다.

❋ Key point

1. 접속사 ~ , / S+V

문두에 접속사가 있을 때 뒤에 콤마가 나오고 '주어+동사' 관계가 보임에 유의하자. 반드시 콤마에서 확실히 끊어가야 한다.

2. 철자가 유사한 단어에 유의하자.

{ whether ~인지 아닌지
{ weather   날씨

❋ 영어명언 필사

_____
_____
_____

❋ Dialogue

A: I' not sure if I can succeed in business.
B: Whether you think you can or can't, you're right. Trust yourself.

A: 내가 사업에서 성공할 수 있을 지 확신이 서질 않아.
B: 할 수 있다고 생각하면 할 수 있고, 할 수 없다고 생각하면 할 수 없어. 너 자신을 믿어!

068

No one can make you feel inferior without your consent.

Eleanor Roosevelt

❋ Jeff's Message

자신을 초라하게 만드는 것도, 자신을 빛나게 만드는 것도 모두 나의 생각에서 출발합니다. 스스로에 대한 생각과 태도가 나의 자아를 형성하며, 그 결과가 내 삶에 반영됩니다. 자신을 사랑하고 존중하는 마음을 기르는 것이 중요합니다. **자기 자신을 먼저 사랑하고 긍정적인 마음을 갖는다면, 삶의 방향이 자연스럽게 긍정적으로 변할 것입니다.**

❋ VOCA

feel inferior 열등감을 느끼다   **consent** 동의

❋ Paraphrase

No one can make you feel inferior unless you allow them to.
당신이 허락하지 않는 한 아무도 당신이 열등감을 느끼도록 만들 수 없다.

No one can make you feel inferior without your consent.

당신의 동의 없이는 아무도 당신을 열등감 느끼게 하지 못한다.

❋ Key point

1. 5형식의 이해 :

목적어를 쓰고 그 다음에 동사를 쓰면 목적어와 그 동사 사이에 의미적으로 주술 관계가 만들어진다. 이때 기본적으로 목적어 다음에는 to를 쓰고 동사원형을 쓰는 것이 기본이다. 하지만, let, make, have 등의 소위 사역동사가 문장의 동사일 경우 목적어 다음에 to를 쓰지 않고 동사원형만 쓴다.

I want you. (나는 너를 원해. (현실에서 만나기 힘든 다소 이상한 표현임))
I want you to feel happy. (나는 네가 행복하길 원해.)
I make you feel happy. (나는 네가 행복하도록 만들어.)

❋ 영어명언 필사

❋ Dialogue

A: I think I am pathetic.
B: No one can make you feel inferior without your consent. It's you who makes yourself feel inferior.

A: 난 너무 한심한 거 같아.
B: 너의 동의 없이는 아무도 널 열등감 느끼게 하지 못해. 너를 열등하게 느끼게 만드는 건 바로 너 자신이야.

pathetic 불쌍한, 한심한   **feel inferior** 열등감을 느끼다

069

Self-confidence is the first requisite to great undertakings.

Samuel Johnson

 Jeff's Message

어떤 일을 시작하기 전, 두려움이 생길 때가 있습니다. 이럴 때 간단한 특효약이 있습니다. 자신에게 "하면 된다, 하면 된다, 하면 된다!"라고 세 번 외쳐보세요. 그 후, 두려움을 떨쳐내고 시작해 보십시오. 그렇게 하면 정말로 할 수 있습니다. 자신을 믿고 행동으로 옮기는 것이 두려움을 극복하는 가장 효과적인 방법입니다.

 VOCA

self-confidence 자신감 **requisite** 필수품 **undertaking** 일, 과업

 **Paraphrase**

Self-confidence is the essential foundation for achieving great things.
자신감은 위대한 성취를 이루기 위한 필수적인 기반이다.

Self-confidence is the first requisite to great undertakings.

자신감은 위대한 과업의 첫째 요건이다.

❋ Key point

1. 명사 + (to + 명사)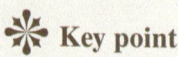

'전치사+명사' 덩어리가 앞의 명사를 수식한다.

❋ 영어명언 필사

❋ Dialogue

A: I can do this! I can do it!
B: Good attitude. **Self-confidence is the first requisite to great undertakings.**

A: 할 수 있다. 할 수 있어!
B: 좋은 자세야. 자신감은 위대한 과업의 첫째 요건이래.

 자세, 태도

영어명언 70강
Audio 듣기

070

Concentration comes out of a combination of confidence and hunger.

Arnold Daniel Palmer

Jeff's Message

무언가를 달성하려면 집중력이 필수적입니다. 집중력은 두 가지 요소에서 비롯됩니다. 첫째, 자신이 할 수 있다는 확고한 믿음이 필요합니다. 자신에 대한 신뢰가 없으면 집중하기 어려울 수 있습니다. 둘째, 그 일을 해내야 하는 뚜렷한 이유, 즉 명확한 목표가 있어야 합니다. 목표가 명확해야 집중력도 더욱 강해집니다. **자신에 대한 믿음과 명확한 목표를 가지고 집중력을 기르면, 원하는 성과를 이룰 수 있을 것입니다.**

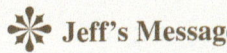 VOCA

concentration 집중력   **combination** 결합   **confidence** 자신감
hunger 배고픔, 갈망

 Paraphrase

Concentration arises from a blend of confidence and desire.
집중력은 자신감과 갈망의 조합에서 나온다.

Concentration comes /out of a combination/ of confidence and hunger.

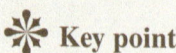

집중력은 자신감과 갈망의 결합으로부터 생긴다

❋ Key point

1. 전치사 앞에서 살짝 끊어 읽는다.

위 명언 문장에서는 out of(~로부터)가 한 덩어리 전치사다.

2. A and B

영어 문장에서 두 개가 연결될 때의 기본은 and를 사용하는 것을 잊지 말자!

❋ 영어명언 필사

❋ Dialogue

A: My weakness is lack of concentration.
B: I'll give you a tip. **Concentration comes out of a combination of confidence and hunger.**

A: 내 약점은 집중력 부족이야.
B: 비결 하나 알려 줄게. **집중력은 자신감과 갈망의 결합으로부터 생기는 거야.**

weakness 약점, 단점   **lack** 부족, 결핍   **tip** 비결

071

*I don't know the key to success,
but the key to failure is trying to please everybody.*

Bill Cosby

Jeff's Message

모든 사람을 만족시키는 것은 매우 어려운 일입니다. 한정된 자원과 시간으로 모든 사람의 기대를 충족시키기란 불가능에 가깝습니다. 따라서 어떤 일을 진행할 때는 명확한 목표와 타겟팅이 중요합니다. 성공적인 결과를 얻기 위해서는 자신이 어디에 집중할지를 분명히 하고, 그에 맞는 전략을 세우는 것이 무엇보다 중요합니다. 특정 타겟의 필요와 기대를 예상하고, 그에 맞는 방향으로 올바른 전략을 수립할 때 효과적이고 성공적인 결과를 이끌어낼 수 있습니다.

 VOCA

please ~를 기쁘게 하다, 비위를 맞추다

 Paraphrase

I don't have the answer to success, but trying to please everyone is a sure way to fail.

성공의 비결을 모르지만, 모든 사람을 만족시키려는 시도는 실패를 가져오는 확실한 방법이다.

I don't know the key to success,
/ but the key to failure is trying to please everybody.

나는 성공의 열쇠는 모른다. 그러나 실패의 열쇠는 모두의 비위를 맞추려 하는 것이다.

❋ Key point

1. 접속사

콤마가 보이고 접속사가 보인다면 콤마에서 무조건 끊어 읽는다.

2. 'be + ~ing'는 아래 두 가지 해석법이 있다.

be + ~ing   ~하고 있는 중이다.
I am learning English. (나는 영어를 배우고 있는 중이다.)

be + ~ing   ~하는 것
My hobby is learning English. (내 취미는 영어를 배우는 것이다.)

❋ 영어명언 필사

❋ Dialogue

A: I would like to please everybody that I know.
B: No way. I don't know the key to success, but the key to failure is trying to please everybody.

A: 난 내가 아는 모든 사람들을 기쁘게 하고 싶어.
B: 말도 안돼. 나는 성공의 열쇠는 몰라. 그러나 실패의 열쇠는 모두의 비위를 맞추려 하는 거야.

No way 절대로 아니다

072

To be a great champion you must believe you are the best. If you're not, pretend you are.

Muhammad Ali

✦ Jeff's Message

성공하고 싶다면, 먼저 자신이 이미 성공한 것처럼 상상하고, 그 상상을 계속해서 반복해야 합니다. 성공한 모습을 머릿속으로 끊임없이 이미지하는 것은 생각보다 강력한 힘을 지니고 있습니다. 이러한 상상이 지속되면, 그 모습으로 자신을 만들어 나가는 원동력이 되며, 실제로 그 성공에 도달할 수 있는 길을 열어줍니다. 성공은 단순한 꿈이 아니라, 꾸준한 상상과 믿음이 이끄는 현실이 될 수 있습니다.

✦ VOCA

pretend ~인 척하다

✦ Paraphrase

To become a great champion, you have to believe you are the best. If you're not, then act as if you are.

위대한 챔피언이 되려면 자신이 최고라고 믿어야 한다. 그렇지 않다면, 최고인 척 행동해라.

 be a great champion you must believe (that) you are the best. If you're not, pretend you are.

~하기 위해서

위대한 챔피언이 되려면 당신 자신이 최고라고 믿어라.
만약 당신이 그렇지 않다고 해도 최고처럼 행동하라.

✽ Key point

1. To + V ··· S + V

   문두에 'to+동사원형' 나오고 그 뒤에 'S+V'의 관계가 보인다면, 'to+동사원형'은 '~하기 위해서' 라는 뜻을 만들어낸다.

2. V + (that) S + V

   ~을/를

   동사가 나오고 그 뒤에 또 다시 '주어+동사' 관계가 보인다면 '~을/를' 해석을 만들어내는 that이 생략되어 있음을 알자.

✽ 영어명언 필사

_____
_____
_____
_____

✽ Dialogue

A: I doubt if I am doing right.
B: Once Ali said "To be a great champion you must believe you are the best. If you're not, pretend you are."

A: 내가 제대로 하고 있는지 의심스러워.
B: 예전에 알리가 "위대한 챔피언이 되려면 당신 자신이 최고라고 믿어라. 만약 당신이 그렇지 않다고 해도 최고처럼 행동하라." 라고 한적이 있어.

doubt 의심하다   if ~인지 아닌지

073

The greatest pleasure in life is doing what people say you cannot do.

Walter Bagehot

✻ Jeff's Message

하기가 편하고 쉬운 일은 성취감이 작기 마련입니다. 큰 성취감과 깊은 기쁨을 원하신다면, 도전적이고 부담스러운 목표를 설정해 보세요. 남들이 걱정할 정도로 높은 목표를 정하고, 그 목표를 향해 끊임없이 노력할 때, 더 큰 성취감과 만족을 경험할 수 있습니다. 어려운 목표를 달성할 때의 기쁨은 평범한 목표 달성의 성취감보다 훨씬 크고, 자신에게 더욱 큰 자신감을 남길 것입니다.

✻ VOCA

pleasure 즐거움

✻ Paraphrase

The greatest joy in life comes from doing what others say you can't.

인생에서 가장 큰 즐거움은 사람들이 당신이 할 수 없다고 말하는 일을 해내는 것이다.

The greatest pleasure in life is doing what (people say) you cannot do.

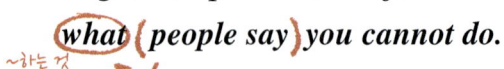

인생의 가장 큰 기쁨은 남들이 내가 못해낼 것이라고 말하는 일을 해내는 것이다.

❋ Key point

1. be + ~ing ~하는 것

be동사 다음에 ~ing 모양이 보이면 기본적으로 '~하는 중' 이라는 해석을 해보고, 어울리는 해석이 아니라면, '~하는 것' 이라는 해석을 떠올리자.

2. what + 허전한 문장

what 다음이 뭔가 단어가 빠진 듯한 허전한 느낌이 들면 '~하는 것' 이라는 해석을 떠올린다. 또한 아래와 같이 what과 '주어+동사' 관계 사이에 또 다른 '주어+동사' 가 끼어들어갈 수 있다. 끼어들어간 '주어+동사' 는 의미를 보태어 문장을 조금 더 길게 만드는 역할을 한다.

a. You have to do what you cannot do. (너는 네가 할 수 없는 일을 해야 한다.)
b. You have to do what **people say** you cannot do. (너는 **사람들이 말하길** 네가 할 수 없는 일을 해야 한다.)
c. You have to do what **they say** you cannot do. (너는 **그들이 말하길** 네가 할 수 없는 일을 해야 한다.)
d. You have to do what **you think** you cannot do. (너는 **네가 생각하길** 네가 할 수 없는 일을 해야 한다.)

❋ 영어명언 필사

❋ Dialogue

A: How did you do that when everyone said you can't?
B: I could do it because **the greatest pleasure in life is doing what people say you cannot do.**

A: 다들 해내지 못 할 것이라고 했을 때 어떻게 해냈어?
B: 난 할 수 있었어. 왜냐하면 인생의 가장 큰 기쁨은 남들이 내가 못해낼 것이라고 말하는 일을 해내는 것이니까.

074

He who believes is strong; he who doubts is weak.
Strong convictions precede great actions.

James Freeman Clark

✳ Jeff's Message

성공을 위한 첫걸음은 자기 자신에 대한 신뢰와 '할 수 있다'는 자신감입니다. 자신에 대한 무한한 신뢰는 당신이 예상치 못한 놀라운 일을 해낼 수 있도록 도와줍니다. 불가능해 보이는 일도 자신감과 신뢰를 바탕으로 도전하면 가능성을 현실로 바꿀 수 있습니다. **자신의 능력을 믿고, 도전에 대한 두려움을 극복하면, 더욱 큰 성과와 성공이 당신을 기다리고 있을 것입니다.**

✳ VOCA

conviction 신념, 확신 **precede** ~보다 우선한다

✳ Paraphrase

Those who believe are strong; those who doubt are weak. Strong beliefs lead to great actions.

믿는 사람은 강하고, 의심하는 사람은 약하다. 강한 신념이 위대한 행동을 이끈다.

He (who believes) is strong; he (who doubts) is weak.
Strong convictions precede great actions.

믿는 자는 강하고 의심하는 자는 약하다. 강한 확신은 위대한 행동보다 우선한다.

❋ Key point

1. 명사 + (who + V1 …) / V2

(대)명사 다음에 who가 오고 그 뒤에 동사 두 개가 보일 때는, 두 번째 동사 앞에서 끊는다. 그리고 who부터 끊긴 부분까지가 앞의 (대)명사를 수식하는 구조로 파악한다.

❋ 영어명언 필사

❋ Dialogue

A: What do you think the key to your success is?
B: Believe in oneself. **He who believes is strong; he who doubts is weak. Strong convictions precede great actions.**

A: 성공을 위한 열쇠는 무엇이라고 생각합니까?
B: 자신을 믿는 것이죠. 믿는 자는 강하고 의심하는 자는 약합니다. 강한 확신은 위대한 행동보다 우선하는 것이죠.

075

They are rich who have true friends.

Thomas Fuller

Jeff's Message

친구가 많다고 자랑하는 것보다 허무한 일은 없습니다. 진정으로 중요한 것은 친구의 수가 아니라, 어려움이나 즐거움을 기꺼이 함께 나눌 수 있는 진정한 친구가 있는가 하는 점일 것입니다. 소모적인 친구 관계 확장에 몰두하기보다는, 깊고 의미 있는 관계를 유지하는 데 노력하는 것이 더욱 중요하리란 생각입니다.

VOCA

true 진정한

Paraphrase

Those who have true friends are the truly rich.
진정한 친구를 가진 사람들은 진정으로 부유한 사람들이다.

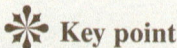
They are rich (who have true friends.)

진정한 친구가 있는 사람이야말로 부자다.

❋ Key point

1. (대)명사 ⋯ (who + V)

'(대)명사 + who + 동사 어순'은 who 이하가 앞의 명사를 꾸미는 구조이다.

(이 사람이 내게 매우 친절했던 사람이야.)
하지만, 간혹 꾸밈을 받는 명사와 'who + V' 구조가 뚝 떨어진 경우도 있다. 이렇게 뚝 떨어진 구조를 재빨리 알아채야 한다.

 true friends.

❋ 영어명언 필사

❋ Dialogue

A: I found out from his Instagram that he has lots of friends.
B: "**They are rich who have true friends.**" It is better to have true friends like you and me.

A: 난 그의 인스타그램에서 그가 친구가 많다는 것을 알게 되었어.
B: "진정한 친구가 있는 사람이야말로 부자야." 너와 나처럼 진정한 친구를 가지는 게 나아.

Part.
04

*You can't help getting older,
but you don't have to get old.*

나를 결정하는 것은 결국 나 자신이다!
나에 대한 긍정의 마음을 늘 가지자! 할 수 있다!

076

You can make more friends with your ears than your mouth.

Anonymous

❋ Jeff's Message

좋은 대화를 위해 가장 중요한 것은 상대방의 말을 진심으로 경청하려는 열린 자세입니다. 상대방의 이야기를 정성껏 듣는 것은 신뢰와 친밀감을 쌓는 데 큰 도움이 됩니다. 좋은 친구가 되고 싶다면, 상대방의 말을 충분히 듣고 이해하려는 노력을 기울여야 합니다. 대화를 나누면서 상대방의 감정과 의견을 존중하고, 진심으로 관심을 가지는 것이 서로의 관계를 깊게 하고, 더욱 강한 유대감을 형성하는 데 기여할 것입니다.

❋ VOCA

make a friend 친구를 사귀다

❋ Paraphrase

You can build more friendships by listening than by talking.
듣는 것으로 말하는 것보다 더 많은 친구를 사귈 수 있습니다.

You can make more friends / with your ears / than your mouth.

친구를 더 많이 만들고 싶다면 입이 아닌 귀로 사귀어라.

✻ Key point

1. 문장의 단어수가 많다고 느껴진다면 반드시 접속사나 전치사 앞에서 끊어 읽는 습관을 들이자. 그럼 문장이 짧게 느껴진다. 접속사 앞에서는 확! 전치사 앞에서는 살짝! 끊자.

✻ 영어명언 필사

✻ Dialogue

A: Listen to a golden saying that I recently have read. **You can make more friends with your ears than your mouth.** Isn't it cool?

B: Yeah. It is ironic, because you never listen to the others.

A: 내가 최근에 들은 명언 좀 들어봐. **친구를 더 많이 만들고 싶다면 입이 아닌 귀로 하라.** 이 명언 멋지지 않아?

B: 그래. 그런데 아이러니하게도 너는 남의 말을 절대 안 듣잖아.

golden saying 명언   **cool** 멋진   **ironic** 반어적인, 역설적인

077

Laughter is the shortest distance between two people.

Victor Borge

❋ Jeff's Message

웃음은 몸의 신진대사를 활발하게 하고, 몸에 좋은 각종 호르몬을 분비시키며, 항암 효과까지 일으킨다고 합니다. 뿐만 아니라, 웃음은 우리의 인간관계까지 부드럽게 만드는 특효약입니다. 그러므로 우리가 더 이상 웃지 않을 이유가 없습니다. 최대한 많이 웃으려 애써 보세요. **웃을 일이 많아야 웃는 것이 아니라, 웃으려 노력하면 웃을 일이 많아지기 마련입니다.** 웃음은 긍정적인 에너지를 전달하고, 그 에너지가 다시 우리의 삶을 풍요롭게 만듭니다.

❋ VOCA

laughter 웃음   distance 거리

❋ Paraphrase

Laughter brings people closer together faster than anything else.
웃음은 무엇보다 두 사람 사이를 가장 빠르게 좁혀 준다.

Laughter is the shortest distance / between two people.

웃음이야말로 두 사람을 가장 가깝게 만드는 것이다.

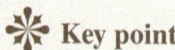 **Key point**

1. 전치사를 만나면 살짝 끊어서 읽자. 그럼 긴 문장이 더 이상 길게 느껴지지 않는다.

 영어명언 필사

 **Dialogue**

A: I would like to make up with him. Can you help me out?
B: **Laughter is the shortest distance between two people.** Try approaching him with a smile first.

A: 그랑 화해하고 싶어. 도와줄 수 있겠어?
B: **웃음이야말로 두 사람을 가깝게 만드는 것이야.** 웃으면서 그에게 먼저 다가가봐.

make up with ~와 화해하다   help out (상황이나 어려움을 해결하는 걸) 돕다

078

*The strongest man on the earth is
the one who stands most alone.*

Henrik Ibsen

❋ Jeff's Message

어떤 일을 성공하기 위해서 필연적으로 거쳐야 하는 것이 외로움입니다. 뭔가 가치 있는 일을 이루기 위해서는 종종 혼자만의 고독한 시간이 필요합니다. 이 고독한 시간은 깊은 사고와 성찰을 가능하게 하고, 자신의 목표를 향해 나아갈 수 있는 원동력을 제공합니다. 외로움을 두려워하지 말고, 그 시간을 성장의 기회로 삼으세요. 고독 속에서 우리는 진정한 자신을 만나고, 그로 인해 더 큰 성취를 이룰 수 있습니다.

❋ VOCA

alone 혼자, 외로운

❋ Paraphrase

The most powerful person in the world is the one who can stand alone.

세상에서 가장 강한 사람은 혼자 설 수 있는 사람이다.

***The strongest man on the earth is
the one (who stands most alone.)***

세상에서 가장 강한 사람은 홀로 우뚝 선 사람이다.

❋ Key point

1. 문장이 길다면 동사를 먼저 찾을 수 있는 눈이 있어야 한다.

    → 위 문장의 핵심동사는 be동사인 is 동사다.

2. 명사 + (who + V)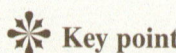

    명사 다음에 'who+동사'가 보이면 'who+동사' 덩어리가 앞의 명사를 수식한다.
    I love the man (who loves me.)

    (나는 나를 사랑하는 그 남자를 사랑한다.)

❋ 영어명언 필사

❋ Dialogue

A: I think I cannot stand loneliness.
B: The strongest man on the earth is the one who stands most alone.
    You have to overcome loneliness so that you can do what you want.

A: 외로움을 견딜 수 없을 것 같아.
B: 세상에서 가장 강한 사람은 외로움을 견디는 사람이야. 외로움을 이겨내야 너가 원하는 걸 해 낼 수 있어.

stand 견뎌 내다   loneliness 고독

079

Life is too short to be wasted on the wrong person.

Anonymous

❋ Jeff's Message

세상 모든 사람들이 나와 마음이 잘 맞을 수는 없습니다. **그러므로 우리는 마음이 맞는 사람들을 끊임없이 찾아야 합니다.** 이러한 사람들과 한 팀을 이루어 나의 잠재된 능력을 최대한 발휘하는 것이 중요합니다. 우물쭈물 하기에 우리의 인생은 너무나 짧습니다. 따라서, 나와 잘 맞는 사람들과 함께 뜻을 모아 목표를 향해 나아가는 것이 필요합니다. 이를 통해 더욱 큰 성취를 이루고, 인생을 더 의미 있게 만들어 나갈 수 있습니다.

❋ VOCA

waste 낭비하다   **wrong person** 맞지 않는 사람, 어울리지 않는 사람

❋ Paraphrase

Life is too brief to waste on someone who isn't right for you.
인생은 당신에게 맞지 않는 사람에게 낭비하기에는 너무 짧다.

Life is too short to be wasted / on the wrong person.
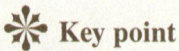

나와 맞지 않는 사람에게 시간을 낭비하기에 인생은 너무 짧다!

❋ Key point

1. 형용사 + to + V

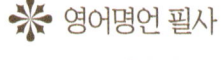
This water is too hot to drink. (이 물은 마시기에 너무 뜨겁다.)

'형용사+to+동사원형' 어순이 보인다면 to는 '~하기에'라는 뜻으로 해석한다.

❋ 영어명언 필사

❋ Dialogue

A: I try hard. But I think I don't fit in well with him.
B: Life is too short to be wasted on the wrong person. Do not waste your time on him.

A: 나는 진짜 노력하는데 그와는 잘 안 맞는 것 같아.
B: 안 맞는 사람에게 시간을 낭비하기에 인생은 너무 짧은 법. 그에게 시간 낭비하지 마.

fit in well with~   ~와 잘 맞다

080

***The best way to find yourself is
to lose yourself in the service of others.***

Mahatma Gandhi

✦ Jeff's Message

자신의 삶의 가치에 혼란을 느끼는 시기는 누구에게나 올 수 있습니다. 이럴 때는 주저하지 말고 주변의 힘든 사람들을 돌아보고 그들에게 애정을 쏟아보세요. **타인을 도우며 그들의 어려움을 함께 나누는 과정에서, 자신의 삶의 진정한 의미와 가치를 발견할 수 있는 좋은 기회가 될 수 있습니다.**

✦ VOCA

lose oneself 길을 잃다, 자신을 잃어버리다 **in the service of~** ~에게 섬기며, 봉사하며

✦ Paraphrase

The best way to discover yourself is to immerse yourself in helping others.

자신을 발견하는 가장 좋은 방법은 다른 사람을 돕는 데 몰두하는 것이다.

The best way (to find yourself) is
to lose yourself / in the service of others.

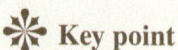
당신 자신의 모습을 발견하는 가장 좋은 방법은 다른 이들을 섬김으로써 자기 자신에서 벗어나는 것이다

❋ Key point

1. 명사 + (to + V)

   '명사 + to + 동사' 어순이 보인다면 to는 앞의 명사를 수식하는 역할을 만든다.

2. be + to + V

   'be동사 + to + 동사' 어순이 보인다면 to는 '~하는 것' 이라는 만들어내는 것이 기본이다.

❋ 영어명언 필사

❋ Dialogue

A: I think I don't really know who I am. I want to know.

B: The best way to find yourself is to lose yourself in the service of others. Consider living a life that serves people in need; it can be very fulfilling.

A: 내가 누군지 잘 모르겠어. 알고 싶은데.

B:  자신의 모습을 발견하는 가장 좋은 방법은 다른 이들을 섬김으로써 네 자신에서 벗어나는 방법이야. 타인을 돕는 삶을 사는 것을 고려해봐. 그건 매우 보람 있을 수 있어.

fulfilling 성취감을 주는, 보람있는

081

Love does not consist in gazing at each other, but in looking together in the same direction.

Antoine de Saint-Exupery

Jeff's Message

서로를 위하는 사랑하는 마음을 유지하면서도, **서로의 길이 다를 수 있음을 존중하는 것이 사랑을 유지하는 비법일 수 있습니다.** 진정한 사랑은 상대방의 꿈과 목표, 그리고 선택을 이해하고 지원하는 것입니다. 이러한 관계속에서 서로의 개성과 목표를 지지하며 사랑을 깊게 유지할 수 있습니다.

 VOCA

consist in ~에 있다   **gaze at** ~를 응시하다   **direction** 방향

 Paraphrase

Love isn't about looking at each other, but about looking together in the same direction.

사랑은 서로를 바라보는 것이 아니라, 같은 방향을 함께 보는 것이다.

Love does not consist in gazing at each other,
but in looking together in the same direction.

사랑은 서로 마주보는 데 있지 않고, 함께 같은 방향을 바라보는 데 있다.

❋ Key point

1. **not A but B**   A가 아니라 B다.

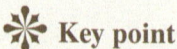

문장 앞쪽에 not이 보이면 뒤쪽에 but이 있지 않은지 꼭 잘 살피는 습관을 들여야 한다. 그리고 반드시 not과 but에 세모를 치고 쌍으로 보여야 한다.

❋ 영어명언 필사

❋ Dialogue

A: Give me some advice for my marriage.
B: Love does not consist in gazing at each other, but in looking together in the same direction. I believe that love is about moving forward together in the same direction.

A: 내 결혼생활에 조언 좀 해줘.
B: 사랑은 서로 마주보는 데 있지 않고, 함께 같은 방향을 바라보는 데 있어. 서로 같은 방향으로 함께 나아가는 게 사랑이라고 생각해.

advice 조언   **marriage** 결혼 생활   **move forward** 앞으로 나아가다

영어명언 82강
Audio 듣기

082

Whenever you find that you are on the side of the majority, it is time to reform.

Mark Twain

 **Jeff's Message**

다수의 편에 있으면 안정감은 있지만, 때로는 인생이 지루해질 수 있습니다. 인생의 큰 길을 따라가는 것도 좋지만, 가끔은 사람들이 많이 다니는 길에서 벗어나 좁은 골목길을 탐험해보는 것도 새로운 경험과 재미를 가져다줄 수 있습니다. **큰 길과 골목길을 번갈아 가며 탐색하며 다양한 경험을 쌓는 것이 인생을 더욱 풍요롭게 행복하게 만들 수 있을 것입니다.**

VOCA

majority 다수   **reform** 개혁하다

Paraphrase

Whenever you realize you're on the side of the majority, it's time to consider a change.

대다수의 편에 서 있다는 것을 알게 될 때는 변화를 고려할 시간이다.

Whenever *you find that you are on the side of the majority, it is time to reform.*

접속사

당신이 다수의 편에 서 있다는 것을 알았다면, 그 때는 당신이 변해야 할 시점이다.

❋ Key point

1. 접속사 ··· , S + V

문두에 접속사가 보인다면 뒤에 반드시 콤마와 '주어+동사' 관계가 보인다. 콤마에서 과감히 끊어가자.

2. V + that ~
~을/를

동사 다음에 that이 보이면 이 that은 보통 '~을/를'이라는 뜻을 만들어낸다.

❋ 영어명언 필사

❋ Dialogue

A: Whenever you find that you are on the side of the majority, it is time to reform.
B: That's right. That reminds me of the past.

A: 네가 다수의 편에 서 있다는 것을 알았다면, 그 때는 네가 변해야 할 시점인 거야.
B: 맞는 말이야. 과거의 내가 생각나네.

remind 상기시키다

083
A man cannot be too careful in the choice of his enemies.

Oscar Wilde

Jeff's Message

한 사람의 적은 단지 한 명에 그치지 않습니다. 그 한 사람의 적이 다른 많은 이들과 우호적 관계를 맺고 있다면, 이들 모두가 나의 적이 될 수도 있습니다. 따라서 인간관계에서 신중하게 행동하고, 감정적으로 격한 대응을 하지 않아야 합니다. 인간관계에서는 마무리가 중요합니다. **불필요한 적은 최대한 만들지 않는 것이 좋습니다.**

VOCA

careful 신중한

Paraphrase

A person must be very cautious when choosing their enemies.
적을 선택할 때는 매우 신중해야 한다.

A man cannot be too careful / in the choice / of his enemies.

적을 선택하는 신중함에 있어서 지나침이란 없다.

❋ Key point

1. **전치사 앞에서 살짝 끊어간다.**

   위 문장은 in 과 of 앞에서 끊어 의미를 잡는다. '명사+전치사+명사' 일 때 뒤의 '전치사+명사'가 앞의 명사를 수식하는 구조로 이해한다.

❋ 영어명언 필사

❋ Dialogue

A: You must not make enemies thoughtlessly.
B: That's right. Oscar Wild said. **A man cannot be too careful in the choice of his enemies.**

A: 적을 함부로 만들어서는 안돼
B: 맞아. 오스카 와일드가 말했지. **적을 선택하는 신중함에 있어서 지나침이란 없다.**

thoughtlessly 함부로

영어명언 84강
Audio 듣기

084
Misfortune shows those who are not really friends.

Aristotle

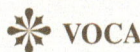
Jeff's Message

기쁨을 나누는 것도 친구의 한 가지 중요한 역할이지만, 진정한 친구는 어려운 시기에 더욱 빛을 발합니다. 그 친구는 슬픔을 함께 나누고, 힘든 일을 겪을 때 곁에서 위로해주며, 내가 어려움을 극복할 수 있도록 힘을 나누어 줍니다. **진정한 친구는 내 형편이 좋지 않을 때도 변함없이 나를 지지하고 함께 해주는 이들임을 잊지 맙시다.**

VOCA
misfortune 불행, 곤경

Paraphrase
Misfortune reveals who your true friends are.
불행은 진정한 친구가 누구인지 드러낸다.

Misfortune shows those 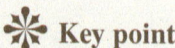 *who are not really friends.*

불행은 누가 진정한 친구가 아닌지를 보여준다.

❋ Key point

1. (대)명사 +  who + 동사

'(대)명사+who+동사' 어순일 때 'who+동사' 덩어리가 앞의 (대)명사를 수식한다.
위 문장에서 쓰인 'those + who + 동사' 표현은 '~하는 사람들' 이라는 표현이다.

❋ 영어명언 필사

❋ Dialogue

A: Do you know how to sort out a real friend?
B: **Misfortune shows those who are not really friends.** A friend in need is a friend indeed.

A: 진정한 친구를 가려낼 수 있는 방법을 알고 있니?
B: **불행은 누가 진정한 친구가 아닌지를 보여줘.** 어려울 때 친구가 진짜 친구야.

sort out 가려내다, 분별해내다   in need 어려움에 처한

영어명언 85강
Audio 듣기

085

If you would be loved, love and be lovable.

Benjamin Franklin

❋ Jeff's Message

사랑뿐만 아니라 모든 상황에서 어떤 일이 발생하기를 단순히 기다리고 있어서는 안됩니다. 원하는 상황이나 기회가 오기를 마냥 기다리는 것보다는, 그 상황이 실제로 발생하도록 스스로 먼저 행동하는 것이 중요합니다. 주도적으로 움직이고, 적극적으로 나아가야만 원하는 결과를 얻을 수 있지 않을까요?

❋ VOCA

lovable 사랑스러운

❋ Paraphrase

If you want to be loved, show love and be lovable.
사랑받고 싶다면, 사랑을 보여주고 사랑받을 만한 사람이 되어라.

If you would be loved, love and be lovable.

사랑 받고 싶다면 사랑하라. 그리고 사랑스럽게 행동하라.

❋ Key point

1. 접속사

문두가 접속사로 시작하면 뒤에는 반드시 콤마가 보인다. 그 콤마에서 확실히 끊어 읽어준다. 위 문장에서는 콤마에서 끊어주고 뒤가 동사원형으로 시작하는 '명령문'이다.

2. A and B

영어는 두 개가 연결될 때 기본적으로 and로 이어준다.
위 문장은 명령문 두 개가 연결되어 있다.

❋ 영어명언 필사

❋ Dialogue

A: I want to be loved. But I don't know how to do that at all.
B: If you would be loved, love and be lovable.

A: 난 사랑받고 싶어. 하지만, 어떻게 해야 하는지 도대체 모르겠어.
B: 사랑 받고 싶다면 사랑하고 사랑스럽게 행동해.

not at all 전혀 ~아니다

086

A wise man makes more opportunities than he finds.

Francis Bacon

❋ Jeff's Message

기회는 우연히 찾아오는 것이 아닙니다. 기회를 만들어내는 것은 스스로의 책임입니다. 누군가가 좋은 기회를 우연히 주기를 기다리기보다는, 스스로 그 기회를 만들어 내려는 노력이 중요하리란 생각입니다. **인생을 변화시킬 수 있는 결정적인 순간은 누군가가 선물해 주는 것이 아니라, 스스로의 행동과 선택에 의해 만들어 집니다.**

❋ VOCA

wise 현명한 **opportunity** 기회

❋ Paraphrase

A wise person creates more opportunities than they discover.
현명한 사람은 발견하는 것보다 더 많은 기회를 만든다.

A wise man makes more opportunities/than he finds.

현명한 사람은 자기가 발견하는 이상의 더 많은 기회를 만든다.

❈ Key point

1. than 앞에 확실히 끊어 읽기!

Seoul is bigger /than Busan. (서울은 부산보다 크다.)
This is harder /than I thought. (이 건 내가 생각했던 것보다 더 어렵다.)

than은 문장에서 전치사일 수도 있고, 접속사 개념일 수도 있다. 하지만 중요한 것은 than을 만나면 반드시 그 앞에서 끊어 읽어주어야 한다는 것이다.

❈ 영어명언 필사

❈ Dialogue

A: Do you think this can be an opportunity for me?
B: Just remember that **a wise man makes more opportunities than he finds.** It depends on you.

A: 이것이 나에게 기회가 될 수 있을까?
B: 현명한 사람은 자기가 발견하는 이상의 많은 기회를 만든다는 것을 기억해. 너에게 달려있어.

depend on[upon] ~에 달려 있다

087

The time to relax is when you don't have time for it.

Socrates

❋ Jeff's Message

성공적인 사람들은 휴식의 중요성을 잘 알고 있습니다. 그들은 일과 휴식의 균형을 잘 맞추며, 언제 쉬어야 할지와 언제 집중해서 일해야 할지를 명확히 구분합니다. 효율적이고 능률적인 업무 수행을 위해서는 때때로 모든 것을 내려놓고 여유를 즐기는 것이 필요합니다.

❋ VOCA

relax 휴식을 취하다

❋ Paraphrase

The best time to relax is when you feel you have no time to do so.
가장 좋은 휴식 시간은 쉴 시간이 없다고 느낄 때이다.

The time to relax is when you don't have time for it. (the time)

바빠서 여유가 없을 때야 말로 쉬어야 할 때이다.

❋ Key point

1. 명사 + (to + V)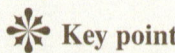

   명사 다음에 'to+동사원형' 구조가 보인다면 'to+동사원형'이 앞의 명사를 수식한다.
   I need some time to relax. (나는 쉴 시간이 필요해.)

2. S + V + / when ~

   문장에서 when을 만나면 반드시 when앞에서 끊는다.
   (이 때의 when은 when앞에 the time이 생략된 관계부사 개념임.)

❋ 영어명언 필사

❋ Dialogue

A: These days I am so busy that I don't have any time to relax.
B: **The time to relax is when you don't have time for it.**

A: 요즘 나 너무 바빠서 휴식을 할 시간조차 없어.
B: **바빠서 여유가 없을 때야 말로 쉬어야 할 때인거야.**

088

The unexamined life is not worth living.

Socrates

❋ Jeff's Message

우리의 인생은 끊임없는 자기 성찰과 반성의 과정으로 이루어져야 합니다. 실수를 하거나 실패를 겪는 것은 자연스러운 일입니다. 그러나 중요한 것은 이러한 실패를 단순히 넘기는 것이 아니라, 이를 되짚어보고 분석하여 발전의 기회로 삼는 것입니다. 실패를 통해 배우고 성장하는 것이야말로 더 나은 자신으로 나아가는 길입니다.

❋ VOCA

unexamined 검사하지 않은, 반성하지 않은   **worth** ~할 가치가 있는

❋ Paraphrase

A life that is not examined is not worth living.
성찰되지 않은 삶은 의미가 없는 삶이다.

The unexamined life is not worth living.

반성하지 않는 삶은 살 가치가 없다.

❋ Key point

1. p.p. + 명사
   ~되는/ 되어진

   명사 앞 뒤에 p.p.가 보인다면 p.p.는 명사를 수식한다.

2. '~할 가치가 있다'라는 뜻을 만들어내는 다음의 표현에 유의하자.

   { be worth ~ing
   { be worthy of ~ing

❋ 영어명언 필사

_____
_____
_____
_____

❋ Dialogue

A: I have not done anything wrong! It is not my fault.
B: **The unexamined life is not worth living.** Shame on you.

A: 나는 잘못한게 없어! 내 잘못이 아니야 이건!
B: 반성 없는 삶은 살 가치도 없는 거랬어. 부끄러운 줄 알아라.

fault 잘못, 실수   shame on you 부끄러운 줄 알아

089
True knowledge exists in knowing that you know nothing.

Socrates

✼ Jeff's Message

자신의 지식이 결코 완전할 수 없다는 사실을 직시하는 것이 중요합니다. 우리의 지식과 이해는 언제나 한계가 있으며, 이를 인정함으로써 새로운 지식과 아이디어를 받아들일 수 있는 여유 공간이 생깁니다. 열린 마음과 겸손한 태도가 새로운 배움의 기회를 만들어주고, 이를 통해 지속적으로 성장할 수 있습니다.

✼ VOCA

knowledge 지식   **exist in** ~에 존재하다

✼ Paraphrase

True knowledge lies in understanding that you know nothing.
진정한 지식은 자신이 아무것도 모른다는 것을 이해하는 데 있다.

True knowledge exists in knowing that you know nothing.

진정한 지식이란 아무것도 모른다는 것을 아는 데 있다.

❋ Key point

1. 특정 전치사 뒤의 ~ing의 해석법에 유의하자.
   - in + ~ing ~할 때 / ~하는데
   - by + ~ing ~함으로서
   - on + ~ing ~하자마자

2. V + that ~

   동사 뒤에 that이 보이면 that은 '~을/를' 이라는 해석을 붙여야 한다.
   I know that you are honest. (난 네가 정직하단 걸 알아.)

❋ 영어명언 필사

❋ Dialogue

A: I thought I knew everything but, recently, I learned that I know nothing
B: Good! **True knowledge exists in knowing that you know nothing.**

A: 난 정말 다 안다고 생각했었는데, 최근에는, 내가 정말 아는 것이 없다는 것을 배웠어.
B: 다행이네. 진정한 지식이란 아무것도 모른다는 것을 아는 데 있지.

recently 최근에

090

The more we study, the more we discover our ignorance.

Percy B. Shelley

✽ Jeff's Message

"벼는 익을수록 고개를 숙인다"는 말처럼, 진정한 배움의 자세는 항상 겸손함을 유지하는 것입니다. 우리가 지식을 쌓고 경험을 쌓을수록, 그만큼 자신을 낮추고 다른 사람의 의견과 조언을 열린 마음으로 받아들여야 합니다. **겸손한 태도는 자신을 성장시킬 수 있는 큰 자산입니다.**

✽ VOCA

discover 발견하다   ignorance 무지

✽ Paraphrase

The more we study, the more we realize how much we don't know.
우리가 더 많이 공부할수록, 우리가 모르는 것이 얼마나 많은지 더 많이 깨닫게 된다.

The more we study, the more we discover our ignorance.

우리는 배울수록 더욱 더 우리의 무지를 발견한다.

✽ Key point

1.  the + 비교급 ~ , the + 비교급   ~하면 할수록 더 … 하다

   The more, the better.   (많으면 많을수록 좋다.)
   The more you have, the more you want.   (가지면 가질 수록 더 가지고 싶다.)

   '비교급 앞에 the' 가 붙은 표현이 두 개 보인다면 반드시 위에 제시된 방법대로 해석을 해야 함을 잊지 말자.

✽ 영어명언 필사

✽ Dialogue

A: Why do grown-ups say there is no end in studying?
B: You will soon discover the fact **that the more we study, the more we discover our ignorance.**

A: 왜 어른들은 공부에는 끝이 없다고 말하는 것일까요?
B: 너도 곧 **우리가 배우면 배울수록 더 무지하다**라는 사실을 발견할 거야.

grown-up 성인   discover 발견하다

091

The important thing is never to stop questioning.

Albert Einstein

❋ Jeff's Message

끊임없이 의문을 가지고 대답을 찾는 과정에서 인간은 비로소 성장합니다. 자신의 주변에 있는 모든 것들에 대해 지속적으로 의문을 품고 탐구하는 태도는 매우 중요합니다. 이러한 태도는 사고의 깊이를 더하고 새로운 통찰을 얻게 합니다. 당연하게 여겨지던 것들에 대해서도 질문을 멈추지 않는 것은 배우고 발전하기 위한 가장 중요한 덕목입니다.

❋ VOCA

question 질문하다, 의심하다

❋ Paraphrase

The key is to keep questioning and never stop.
핵심은 계속해서 질문하고 결코 멈추지 않는 것이다.

The important thing is never to stop questioning.

중요한 것은 계속 의문을 갖는 것이다.

❋ Key point

1. **be + to + V**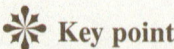
   My dream is to become a singer.
   be동사 다음에 'to+동사원형'이 나올 때 to의 기본해석법은 '~하는 것'이다.

2. **stop** 동사는 뒤에 ~ing형태가 오느냐 'to+동사원형'의 형태가 오느냐에 따라 해석법이 완전히 달라진다.

      ~하는 것을 멈추다
                          ~하기위해 멈추다

   I stopped smoking. (나는 담배피는 것을 멈췄다.)
   I stopped to smoke. (나는 담배를 피기 위해 멈췄다.)

❋ 영어명언 필사

❋ Dialogue

A: Why do you always question?
B: Because **the important thing is never to stop questioning.**

A: 왜 항상 질문을 하는 거야?
B: 왜냐하면 **계속 의문을 갖는 것이 중요한 것**이니까.

092

We can't control the tragic things that happen to us, but we can control the way we face up to them.

Anonymous

❋ Jeff's Message

우리를 괴롭게 만드는 것은 결코 상황 그 자체가 아닙니다. 상황을 바라보는 우리의 태도가 우리를 괴로움에 빠뜨립니다. 상황을 바라보는 관점과 태도만 변화시킬 수 있다면, 어떤 힘든 상황도 슬기롭게 헤쳐 나갈 수 있습니다. 인생에서 만나는 갖가지 비극적인 일들은 어쩌면 우리를 더욱 강인하게 만들어 줄 수 있는 좋은 기회가 될 수 있습니다.

❋ VOCA

control 제어하다 **tragic** 비극적인 **face up to** ~에 맞서다, ~을 직시하다

❋ Paraphrase

We can't control the tragic events that happen to us, but we can control how we respond to them.

우리는 우리에게 일어나는 비극적인 사건을 통제할 수는 없지만, 그것에 어떻게 대응할지는 통제할 수 있다.

**We can't control the tragic things that happen to us,
but we can control the way we face up to them.**

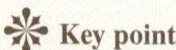

우리에게 일어나는 비극을 제어할 수는 없지만, 그 것에 맞서는 방법은 제어할 수 있다.

❋ Key point

1. **명사 + that + V**
   명사 나오고 바로 그 뒤에 'that+동사 덩어리'가 보인다면 that 이하가 앞의 명사를 수식하는 구조다.

2. **the way + S + V**
   the way 단어가 나오고 그 뒤에 '주어+동사' 관계가 보인다면 'the way'는 '~하는 방식' 이라는 해석을 떠올리자.

❋ 영어명언 필사

❋ Dialogue

A: I got fired from my job again.
B: Look. **We can't control the tragic things that happen to us, but we can control the way we face up to them.** Think it as another opportunity.

A: 또 해고 되었어.
B: 봐. 닥쳐오는 비극을 피할 수는 없어도 그것에 어떻게 대처하는가는 자기 하기 나름이야. 새로운 기회라고 생각해.

get fired 해고되다   **opportunity** 기회

093
Good judgment comes from experience, and experience comes from bad judgment.
Anonymous

 Jeff's Message

인생을 성공으로 이끌기 위해서는 훌륭한 판단력은 필수입니다. 하지만 **훌륭한 판단력을 기르기 위해서는 여러 차례의 그릇된 판단과 시행착오를 겪어야만 합니다.** 시행착오를 두려워하여 판단을 주저하고만 있을 수는 없습니다. 좋은 판단력을 기르기 위해서는 때로는 대가를 치러야 할 때가 있습니다. 이러한 과정에서 얻은 경험은 결국 더 나은 결정을 내릴 수 있는 밑거름이 될 것입니다.

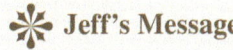 **VOCA**

judgment 판단   **experience** 경험

 **Paraphrase**

Good judgment arises from experience, and experience often comes from making mistakes.
좋은 판단력은 경험에서 비롯되며, 경험은 종종 실수에서 나온다.

Good judgment comes/from experience,
/and experience comes /from bad judgment.

훌륭한 판단력은 경험에서 비롯되고, 경험은 그릇된 판단에서 얻어진다.

❋ Key point

1. **, 접속사**
   문장에서 콤마 다음에 접속사가 보이면 그 접속사에서 과감히 끊어야 한다.

2. **전치사 앞에서 살짝 끊어가기.**
   한 문장을 한꺼번에 이해하기가 힘들다면 전치사가 보일 때마다 끊어서 읽자.

❋ 영어명언 필사

_____
_____
_____
_____

❋ Dialogue

A: I might regret forever for my misjudgment.
B: Hey. **Good judgment comes from experience, and experience comes from bad judgment.** You will do fine next time.

A: 나의 잘못된 판단을 영원히 후회할 것 같아.
B: 야. 훌륭한 판단력은 경험에서 비롯되고, 경험은 그릇된 판단에서 얻어지는 거야. 다음에는 잘 할 거야.

regret 후회하다   misjudgment 그릇된 판단

094

It is much more difficult to judge oneself than to judge others.

Antoine de Saint-Exupery

✤ Jeff's Message

스스로를 돌아보는 일은 무척 힘든 작업입니다. 그렇기에 우리는 평소에 자신의 모습을 객관적으로 바라보려는 노력을 지속적으로 해야 합니다. 자신의 모습을 객관적으로 보기 위해 가장 쉽고 효과적인 방법 중 하나는 타인에게 자신의 생각과 판단에 대한 의견을 서슴없이 묻는 것입니다. 타인의 비판을 두려워한다면 발전은 불가능합니다. **비판을 열린 마음으로 받아들이고 이를 발전의 기회로 삼는 것이 중요합니다.**

✤ VOCA

judge 판단하다

✤ Paraphrase

It is far more challenging to judge oneself than to judge others.
자신을 판단하는 것은 다른 사람을 판단하는 것보다 훨씬 더 어렵다.

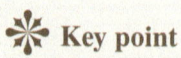

It is much more difficult to judge oneself than to judge others.

남을 판단하는 것 보다 자신을 판단하는 것이 훨씬 어렵다.

❋ Key point

1. It ~ to + V

   It is difficult to learn Chinese. (중국어를 배우는 것은 어렵다.)
   문장의 시작이 It이라면 뒤에 to가 있는지 잘 살펴보자. 뒤에 나오는 'to+동사 덩어리'가 바로 It의 내용이다.

2. much / far / even / still / a lot + 비교급

   비교급 앞에 위 단어들이 보인다면 위 단어들은 본래의 뜻을 버리고 모두 '훨씬'이라는 뜻으로 해석해야 한다.

❋ 영어명언 필사

❋ Dialogue

A: That was all his fault.
B: What about you? **Now, I see that it is much more difficult to judge oneself than to judge others.**

A: 전부 다 그의 탓이었어.
B: 너는? 이제야 남을 판단하는 것 보다 자신을 판단하는 것이 훨씬 어렵다는 말을 알겠네.

fault 잘못

095

*In the hopes of reaching the moon
men fail to see the flowers that blossom at their feet.*

Albert Schweitzer

✿ Jeff's Message

행복은 생각보다 멀리 있지 않습니다. 가끔은 가까운 곳에서 쉽게 찾아낼 수 있습니다. 너무 멀리만 바라보면, 정작 가까운 곳에 있는 행복을 놓치기 쉽습니다. 가까운 곳에서 행복을 찾으려는 노력을 기울이고, 작은 것들에 감사하는 마음을 가지는 것이 중요하리란 생각입니다. **작은 일상 속에서 기쁨을 발견하고 소중히 여기는 것이 진정한 행복에 가까워지는 길이 아닐까요?**

✿ VOCA

fail to + 동사원형 ~하지 못하다   **blossom** 꽃이 피다

✿ Paraphrase

In the hopes of reaching the moon, people often overlook the flowers blooming at their feet.

달에 도달하길 바라는 사람들은 종종 발밑에서 피어나는 꽃들을 간과하곤 한다.

(In) the hopes of reaching the moon
/ men fail to see the flowers that blossom at their feet.

사람들은 달에 갈 생각만 하느라 자기 발 밑 아래에 핀 꽃을 보지 못한다.

❋ Key point

1. 전치사 ~ /S + V

   문두가 전치사로 시작되면 뒤에 '주어+동사' 관계를 찾아 주어 앞에서 반드시 끊어 읽는다. (보통 주어 앞에는 콤마를 써 주는 것이 좋으나 없을 때도 있음.)

   In the hope of meeting her / I went to the station.
   (그녀를 만날 수 있다는 희망을 품고 나는 역으로 갔다.)

2. 명사 + (that + V)

   '명사 + that + 동사' 어순 일 때 that은 앞의 명사를 수식하는 구조를 만들어낸다.

❋ 영어명언 필사

❋ Dialogue

A: This time, I really have to get a promotion. I don't care about anything but promotion.

B: **In the hopes of reaching the moon men fail to see the flowers that blossom at their feet.** Please do not ignore people around you for your quick promotion.

A: 이번에는 진짜로 승진해야 해. 승진 이외에는 난 아무것도 관심없어.

B: 사람들은 달에 갈 생각만 하느라 자기 발 밑 아래에 핀 꽃을 보지 못하는 법이지. 너의 빠른 승진을 위해 주변 사람들을 무시하지 말길 바래.

get a promotion 승진하다   ignore 무시하다

영어명언 96강
Audio 듣기

096

You got to be careful if you don't know where you're going, because you might not get there.

Yogi Berra

✳ Jeff's Message

사람들은 종종 타인의 도움을 받기를 꺼려합니다. 하지만 목표를 달성하기 위해 필요한 도움을 받는 것은 매우 현명한 선택일 수 있습니다. 때로는 사소한 타인의 조언이나 지원이 큰 차이를 만들며, 이를 통해 더 큰 성과를 이룰 수 있습니다. **타인에게 도움을 청하는 것을 꺼려하지 말고, 항상 협력할 수 있는 열린 마음을 가지는 것이 중요하리란 생각입니다.**

✳ VOCA

got to + 동사원형 ~해야만 한다(= have to + 동사원형)   **get there** 거기에 도착하다

✳ Paraphrase

You need to be cautious if you don't know where you're headed, because you might not get there.

어디로 가고 있는지 모른다면 신중해야 한다. 왜냐하면 그곳에 도달하지 못할 수도 있기 때문이다.

You got to be careful if you don't know where you're going, because you might not get there.

지금 어디로 가고 있는지 모른다면 조심해야 한다. 엉뚱한 곳으로 갈지도 모르니까.

❋ Key point

1. 접속사 앞에서는 반드시 끊어 읽는다.

2. 의문사+주어+동사 -> 간접의문문 어순!

   의문문이 문장 속에 쏘~옥 들어가 있을 때는 간접의문문 어순임을 알자. 위 문장에서는 where you're going 부분이 간접의문문으로써 문장 속에 쏘~옥 들어가 있다.

❋ 영어명언 필사

❋ Dialogue

A: I love this adventurous life. Going somewhere that I don't know well.
B: That is good. But **you got to be careful if you don't know where you're going, because you might not get there.**

A: 이 모험적인 삶이 너무 좋아. 내가 잘 모르는 곳을 돌아다니는 거 말이야.
B: 좋네. 하지만 지금 어디로 가고 있는지 모른다면 조심해. 엉뚱한 곳으로 갈지도 모르니까.

adventurous 모험적인

097

Drink moderately, for drunkenness neither keeps a secret, nor observes a promise.

Miguel de Cervantes Saavedra

Jeff's Message

항상 과함은 부족함보다 못한 법입니다. 모든 인간사에서 과도한 것은 대개 부작용을 초래합니다. 성공적이고 균형 잡힌 삶을 위해서는 무엇이든 적당한 선에서 끝내는 자제력을 기르는 것이 중요합니다. 적당함을 유지하는 것은 성숙한 결정과 행복을 이끄는 중요한 요소입니다.

VOCA

moderately 적당히   **drunkenness** 취기, 취한 상태   **secret** 비밀
neither A nor B A도 아니고 B도 아니다   **observe** 지키다

Paraphrase

Drink in moderation, for intoxication neither keeps secrets nor fulfills promises.

절제해서 마셔라. 술에 취하면 비밀을 지키지도 못하고 약속도 지키지 못한다.

***Drink moderately, for drunkenness neither keeps a
secret, nor observes a promise.***

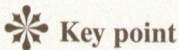

적당히 마셔라. 취하면 비밀도 없고 약속도 없기 때문이다.

❋ Key point

1. , for ~ 왜냐하면
for 다음에 '주어+동사'가 배열되어 보일 때 for는 접속사로써 '왜냐하면'이라는 뜻을 만들어낸다.

2. neither A nor B   A도 B도 아니다
neither이 보이면 뒤에 nor이 보인다. 반드시 세모를 치고, 'A도 B도 아니다' 라는 부정문의 해석을 떠올려야 한다.

❋ 영어명언 필사

❋ Dialogue

A: Let's raise our glasses! Cheers!
B: Be careful. **Drink moderately, for drunkenness neither keeps a secret, nor observes a promise.**

A: 잔 들고! 다같이 건배!
B: 조심해. 적당히 마셔. 취하면 비밀도 없고 약속도 없기 때문이야.

098

*You can't do much about the length of your life,
but you can do a lot about its depth and width.*

Anonymous

✽ Jeff's Message

우리는 우리의 유한한 시간을 어떻게 활용하느냐에 따라 인생을 좀 더 풍요롭고 의미 있게 만들 수 있습니다. 의미 있는 경험을 쌓고, 진정한 관계를 형성하며, 자신의 가치와 목표에 맞춰 시간을 알차게 보내려 노력할 때 인생의 깊이와 넓이가 달라질 것입니다.

✽ VOCA

length 길이   depth 깊이   width 너비

✽ Paraphrase

You may not be able to change the length of your life, but you can greatly influence its depth and breadth.

인생의 길이를 바꿀 수는 없지만, 그 깊이와 넓이는 크게 변화시킬 수 있다.

You can't do much / about the length / of your life,
/ but you can do a lot / about its depth and width.

인생의 길이는 바꿀 수 없지만 그 깊이나 넓이는 바꿀 수 있다.

❄ Key point

1. 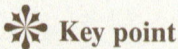 , 접속사
   콤마가 나오고 접속사가 보인다면 그 콤마에서 과감히 끊어 가자.

2. 전치사 앞에서 살짝 끊어가자.
   전치사 앞에서 끊고, 전치사와 뒤의 명사는 항상 단어 덩어리로 느껴져야 한다.

❄ 영어명언 필사

❄ Dialogue

A: I was eager to live longer in the past. But now I will spend my time on developing myself.
B: You are right. **You can't do much about the length of your life, but you can do a lot about its depth and width.**

A: 예전에는 더 오래 사는 데 급급했었어. 이제는 내 자신을 개발하는데 시간을 쓸 거야.
B: 맞는 말이야. 인생의 길이는 바꿀 수 없지만 그 깊이나 넓이는 바꿀 수 있는 거거든.

be eager to + 동사원형 ~하기를 열망하다   **develop** 개발하다

099

You can't help getting older, but you don't have to get old.

George Burns

Jeff's Message

인생에서 '늦은 때'라는 것은 존재하지 않습니다. 어떤 나이, 어떤 상황에서도 새로운 일을 시작하고 변화의 필요성을 느끼는 순간이 바로 가장 빠른 때입니다. 가장 늦었다고 생각할 때가 오히려 가장 빠른 시작일 수 있음을 기억하셔야 합니다. 어떤 나이에서나 새로운 도전을 두려워하지 않고, 그 순간을 기회로 삼는 멋진 우리가 되기를 바랍니다.

 VOCA

can't help + ~ing ~하지 않을 수 없다   don't have to + 동사원형 ~할 필요는 없다

 Paraphrase

You can't avoid getting older, but you don't have to become old.
나이 먹는 걸 피할 수는 없지만, 일부러 늙을 필요는 없다.

You can't help getting older, but you don't have to get old.

나이 먹는 것은 어쩔 수 없다. 하지만 일부러 늙은이가 될 필요는 없다

✽ Key point

1. **, 접속사**

   콤마에서 반드시 끊어서 읽어주어야 한다. 위 문장은 but을 통해 두 개의 문장이 연결되어 있다.

2. **다음의 표현을 반드시 잘 익혀두자.**

   cannot help + ~ing : ~하지 않을 수 없다.
   cannot but + 동사원형 : ~하지 않을 수 없다.
   don't have to + 동사원형 : ~할 필요가 없다.

   help 동사는 뒤에 ~ing가 보일 때 '돕다' 라는 뜻이 아닌 '피하다(avoid)' 라는 뜻이 됨을 꼭 기억하자.

   I can't help loving her. 그녀를 사랑하는 것을 도울 수 없다. (X)
   그녀를 사랑하는 것을 피할 수 없다. (=그녀를 사랑할 수 밖에 없다.)

✽ 영어명언 필사

✽ Dialogue

A: I think I am too old to do that.
B: Don't say that! **You can't help getting older, but you don't have to get old.**

A: 난 그걸 하기엔 너무 늙은 거 같은데.
B: 그렇게 말하지마. **나이 먹는 것은 어쩔 수 없지만 억지로 늙을 필요는 없잖아.**

100
If you obey all the rules, you miss all the fun.

Katherine Hepburn

❋ Jeff's Message

사람들이 선호하는 삶의 방식이 항상 나에게도 잘 맞는 것은 아닙니다. 때로는 많은 사람들이 우려하거나 꺼리는 삶의 방식이 나에게는 오히려 큰 행복을 가져다줄 수 있습니다. 중요한 것은 남들의 기준이 아니라, **자기 스스로가 어떤 삶에서 행복을 느끼는지를 깊이 고민하고 이해하는 것입니다.**

❋ VOCA

obey 지키다, 따르다   **miss** 놓치다   **fun** 재미, 즐거움

❋ Paraphrase

If you stick strictly to all the rules, you miss all the fun.
모든 규칙을 엄격히 지키면 재미를 놓치게 된다.

If you obey all the rules, / you miss all the fun.

규율을 모두 따르면 즐거움을 모두 놓치게 된다.

✺ Key point

1. **접속사 ~   , S+V**

   문두에 접속사가 보이면 그 뒤에 반드시 콤마가 보이고, '주어+동사'의 관계가 보인다. 반드시 그 콤마에서 문장을 확실히 끊어 읽어주자.

2. **miss** (놓치다
   그리워하다
   미혼여성

   miss는 문맥상 다양한 의미로 쓰인다.
   다의어를 만났을 때 얼마나 빠르게 그 단어의 의미를 문맥안에서 정확히 짚어낼 수 있는가가 매우 중요하다. 위 문장에서는 miss가 '놓치다'의 의미로 쓰였다.

✺ 영어명언 필사

_____
_____
_____
_____

✺ Dialogue

A: The most important thing is to obey the rules.
B: I don't agree with that. **If you obey all the rules, you miss all the fun.**

A: 규율을 따르는 게 제일 중요해.
B: 난 그렇게 생각 안 해. **규율을 모두 따르면 즐거움을 모두 놓치게 되잖아.**

agree with ~에 동의하다

특별 부록

자신감을 북돋우는 멋진 영어명언 BEST 27

영어에 대한 자신감! 제프스터디!

Jeff 강사가 항상 강의를 시작하며 외치는 힘찬 구호입니다.

자신감은 모든 일의 출발입니다. 우리가 어떤 도전이나 목표를 향해
나아가기 시작할 때, 스스로에게 가장 많이 해줘야 하는 말은
'넌 할 수 있다!' 라는 말이라고 생각합니다.

우리는 언제나 스스로에 대한 믿음을 갖고, 할 수 있다는 자신감을 가져야 합니다.
그 믿음이 우리를 어떠한 힘든 상황에서도 꿋꿋하게 버틸 수 있게 만들어줍니다.
자신감을 갖는 것은 무엇보다도 나 자신에게 진실한 존중을 보내는
일이기도 합니다. 그 존중의 마음이 나의 능력을 최대치로 끌어올릴 수 있는
신기한 힘을 발휘한다고 믿습니다.

이에 자신감을 불어넣는 멋진 명언을 추가로 소개합니다.
갈증이 날 때 물을 마시는 것처럼 아래 명언들이 여러분들의 인생을 좀 더
힘차고 알차게 나아가게 만드는 좋은 자양분이 되길 소망합니다.

01 Believe you can and you're halfway there. - Theodore Roosevelt -

당신이 할 수 있다고 믿으면 이미 절반은 성공한 것입니다.

02 Success is not final, failure is not fatal: It is the courage to continue that counts. - Winston Churchill -

성공은 최종이 아니며, 실패는 치명적이지 않습니다. 계속 진행하는 용기가 중요합니다.

03 Confidence is silent. Insecurities are loud. - Unknown -

자신감은 조용하고, 불안은 시끄럽습니다.

04 You are never too old to set another goal or to dream a new dream. - C.S. Lewis -

새로운 목표를 세우거나 새로운 꿈을 꾸는 데에는 나이가 너무 많은 것은 없습니다.

05 The only limit to our realization of tomorrow will be our doubts of today. - Franklin D. Roosevelt -

내일을 실현하는 유일한 제한은 오늘의 의심일 것입니다.

06 It is confidence in our bodies, minds, and spirits that allows us to keep looking for new adventures. - Oprah Winfrey -

우리의 몸, 마음, 영혼에 대한 자신감은 우리에게 새로운 모험을 찾게 해줍니다.

07 You have within you right now, everything you need to deal with whatever the world can throw at you. - Brian Tracy -

당신 안에는 지금 당장 세계가 당신에게 던질 수 있는 모든 것을 다룰 데 필요한 모든 것이 있습니다.

08 Success is stumbling from failure to failure with no loss of enthusiasm. - Winston S. Churchill -

성공은 열정을 잃지 않고 실패에서 실패로 걸어가는 것입니다.

09 The way to develop self-confidence is to do the thing you fear and get a record of successful experiences behind you. - William Jennings Bryan -

자신감을 키우는 길은 두려워하는 일을 해보고 성공적인 경험을 쌓는 것입니다.

10 I am not a product of my circumstances. I am a product of my decisions. - Stephen R. Covey -

나는 내 상황의 산물이 아닌 내 결정의 산물입니다.

11 The best way to predict the future is to create it. - Peter Drucker -

미래를 예측하는 가장 좋은 방법은 그것을 창조하는 것입니다.

12 Act as if what you do makes a difference. It does. - William James -

당신이 하는 일이 마치 변화를 일으키는 것처럼 행동하세요. 반드시 그렇게 됩니다.

13 You are the only person on earth who can use your ability. - Zig Ziglar -

당신은 지구상에서 유일하게 당신의 능력을 사용할 수 있는 사람입니다.

14 The difference between a successful person and others is not a lack of strength, not a lack of knowledge, but rather a lack in will. - Vince Lombardi -

성공한 사람과 그렇지 않은 사람의 차이는 힘의 부족이나 지식의 부족이 아니라 의지의 부족입니다.

15 Optimism is the faith that leads to achievement. Nothing can be done without hope and confidence. - Helen Keller -

낙관주의는 성취로 이끄는 믿음입니다. 희망과 자신감 없이는 아무것도 이루어질 수 없습니다.

16 Believe in yourself and all that you are. Know that there is something inside you that is greater than any obstacle. - Christian D. Larson -

자신과 당신의 모든 것을 믿으세요. 당신 안에는 어떤 장애물보다도 더 위대한 무언가가 있다는 것을 알아야 합니다.

17 Your attitude, not your aptitude, will determine your altitude. - Zig Ziglar -

당신의 태도가, 당신의 소질이 아니라, 당신의 높이를 결정할 것이다.

18 Don't be pushed around by the fears in your mind. Be led by the dreams in your heart. - Roy T. Bennett -

당신의 마음 속의 두려움에 밀려가지 마세요. 당신의 마음 속의 꿈에 이끌려가세요.

19 To be yourself in a world that is constantly trying to make you something else is the greatest accomplishment. - Ralph Waldo Emerson -

끊임없이 당신을 다른 무언가로 만들려는 세상에서 자기 자신으로 존재하는 것이 가장 위대한 성취입니다.

20 The moment you doubt whether you can fly, you cease forever to be able to do it. - J.M. Barrie, Peter Pan -

비행할 수 있는지 의심하는 순간, 당신은 영원히 그것을 할 수 없게 됩니다.

21 Confidence comes not from always being right but from not fearing to be wrong. - Peter T. McIntyre -

자신감은 항상 옳은 데서 오는 것이 아니라, 틀리는 것을 두려워하지 않는 데서 옵니다.

22 Success is not the key to happiness. Happiness is the key to success. If you love what you are doing, you will be successful. - Albert Schweitzer -

성공은 행복의 열쇠가 아닙니다. 행복이 성공의 열쇠입니다. 당신이 하는 일을 사랑한다면, 당신은 성공할 것입니다.

23 I am not afraid of storms, for I am learning how to sail my ship. - Louisa May Alcott -

나는 폭풍우를 두려워하지 않습니다. 왜냐하면 나는 내 배를 항해하는 법을 배우고 있기 때문입니다.

24 Do not wait to strike till the iron is hot, but make it hot by striking. - William Butler Yeats -

쇠가 뜨거울 때까지 기다리지 말고, 때려서 뜨겁게 만드세요.

25 Believe in yourself, take on your challenges, dig deep within yourself to conquer fears. Never let anyone bring you down. You got this. - Chantal Sutherland -

자신을 믿고, 도전을 받아들이고, 두려움을 극복하기 위해 깊이 파고드세요. 아무도 당신을 좌절시키지 못하게 하세요. 당신은 해낼 수 있습니다.

26 The only way to do great work is to love what you do.
 - Steve Jobs -

훌륭한 일을 하는 유일한 방법은 당신이 하는 일을 사랑하는 것입니다.

27 You are the master of your destiny. You can influence, direct and control your own environment. You can make your life what you want it to be. - Napoleon Hill -

당신은 당신의 운명의 주인입니다. 당신은 당신의 환경에 영향을 미치고, 이끌고, 통제할 수 있습니다. 당신은 당신의 삶을 당신이 원하는 대로 만들 수 있습니다.